Elise Henle Levi

Aus Göthes lustigen Tagen: Original Lustspiel in vier Akten

Elise Henle Levi

Aus Göthes lustigen Tagen: Original Lustspiel in vier Akten

ISBN/EAN: 9783743396227

Hergestellt in Europa, USA, Kanada, Australien, Japan

Cover: Foto ©Thomas Meinert / pixelio.de

Weitere Bücher finden Sie auf **www.hansebooks.com**

Aus Göthes lustigen Tagen.

Original-Lustspiel in vier Akten

von

E. Henle,

Verfasserin des Preislustspiels:
„Durch die Intendanz."

(Den Bühnen gegenüber Manuscript.)

Die Verfügung über das Aufführungsrecht ist der **Agentur der Genossenschaft dramat. Autoren und Componisten zu Leipzig** übertragen. Das Reproductions- und Uebersetzungsrecht ist vorbehalten.

Stuttgart.
Verlag von R. Levi.
1878.

Seiner Hochwohlgeboren

Herrn

Dr. Heinrich Laube

ehrfurchtsvoll gewidmet

von

der Verfasserin.

Widmung.

Wenn ich mir erlaube Ihnen, geehrter Herr Dr., dieses Werk zu überreichen, so geschieht es wahrlich nicht in dem arroganten Wahne, Ihre Bibliothek hiemit durch eine werthvolle Arbeit zu bereichern, sondern mit der Absicht, Ihnen damit ein Zeichen der tiefen Verehrung zu bekunden, welche ich seit meinen Jugendjahren für den Verfasser der Karlsschüler, des Essex u. s. w. empfunden. Daß sich zu dieser Verehrung ein Gefühl inniger Dankbarkeit gesellt, ist wohl begreiflich, denn obgleich die mir zu Theil gewordene Auszeichnung nicht der Ihnen vollständig fremden Frau galt, so haben Sie mir doch seit dem hiedurch entstandenen Verkehr ein so gütiges Wohlwollen bewiesen, daß es mir ein Bedürfniß des Herzens ist, Ihnen meinen Dank auszudrücken.

Erhalten Sie mir dieses Wohlwollen, geehrter Herr Dr., und genehmigen Sie die Versicherung aufrichtiger Ergebenheit.

E. Henle.

Personen.

Karl August, Herzog von Weimar.
Luise, dessen Gemahlin.
Amalie, Herzogin-Mutter.
Thusnelda von Göschhausen, Hofdame der Herzogin-Mutter.
Graf Eduard Görtz.
Johann Heinrich Merk, Kriegszahlmeister aus Darmstadt.
Bertuch, Schatzmeister.
Heinzmann, Bürgermeister zu Weimar.
Ernestine ⎫ seine Kinder.
* **Georg,** 18 Jahre alt ⎭
Wolfgang Göthe.
Philipp Seidel, dessen Diener.
Ein Schenkmädchen.
Ein Bergknappe.
Hofdamen, Cavaliere, Masken, Bergknappen, Bauernmädchen.

Der erste Akt spielt zu Ilmenau, der zweite und vierte zu Weimar, der dritte zu Tiefurth.

Zeit der Handlung: 1776.

*) Georg ist eine Damenrolle.

Erster Akt.

Die Scene ist ein offener Platz mit Bäumen. Rechts ein Wirthshaus mit dem Schilde „zum Gickelhahn." — Rechts und links stehen Tische nebst Stühlen und Bänken.

Erster Auftritt.

Ernestine. Eduard.

Ernestine

(aus der II. Coulisse rechts, nach rückwärts gehend und in die Coulisse hineinsprechend, Kußhände werfend, sie trägt ihr Haar kurz gelockt, knabenartig, gepudert).

Adieu, mein kleines Pathchen, werde groß,
Und lerne geh'n, wie andre Menschen, ja?
Dann komm ich wieder, kleiner Mann und bringe
Noch viele Küsse und noch süß're Dinge.

Eduard

(welcher fast gleichzeitig aus der II. Coulisse links getreten, leise hinter Ernestine schleichend und sie umfangend).

Noch süßre Dinge! nein die gibt es nicht.
Mein Herzensmädchen —
(küßt sie.)

Ernestine (welche erschreckt aufgeschrieen).

Eduard! schäme Dich
Auf offener Straße Mädchen anzufallen.

Eduard.

Ein Mädchen, das den Liebsten herbestellt
Und eine Stunde hier ihn warten ließ.

Ernestine.

Ich hielt mich auf, bei meinem kleinen Pathchen
Im Dorfe dort, es ließ mich gar nicht weg,
Auch ist es weit von Weimar bis hierher.

Eduard.
Kommst Du den langen Weg zu Fuße?
Ernestine.
Nein.
Ich fuhr mit einer Freundin, bis zum Berge.
Denkt der Herr Graf, ich wisse nicht,
Was ich der künft'gen Würde schuldig bin!
Ich lerne und studier' die Etiquette
Ganz eifrig, hab ein Büchlein mir gekauft,
In welchem steht, wie man in hohen Kreisen
Sich zu benehmen hat.
Eduard.
Ei was nicht gar!
Da werd ich ja von Dir noch lernen müssen,
Denn solch ein Büchlein hab ich nie besessen.
Was steht denn alles drin?
Ernestine.
Gar viel, Herr Graf.
Es sei nicht nobel, heißt es, zu erstaunen,
Man müsse immer ruhig und maßvoll sein. —
Sich niemals wundern, denk, es nimmt mich Wunder,
Ob das ein Mensch auch kann und „immer ruhig",
Wer kann auch immer ruhig sein?
Eduard (lächelnd).
Du.
Ernestine.
Nein! Nein!
Das kann ich nicht; doch hör was weiter steht:
Die distinguirten Damen haben Nerven!
Eduard.
So so?
Ernestine.
Ja und ich Aermste bin gesund,
Gesund gleichwie der Fisch im Wasser.
Eduard.
Schade.
Ernestine.
Hab' frische Wangen und das ist gemein,

Beim Adel soll man blaß und schmachtend sein, —
Man soll nicht immer sagen, was man denkt,
Weil mit der Wahrheit man gar viele kränkt;
Ich aber kann nicht lügen.

Eduard.
Das ist schlimm.
Dann wirst Du keine große Dame werden,
Doch desto heißer lieb ich Dich.
(Da Ernestine den Kopf hängt)
Was nun?

Ernestine.
Ich werd' es nie entbehren lernen.

Eduard.
Was?

Ernestine.
Das traute Wörtchen „Du."

Eduard.
Das Wörtchen „Du"
Wer kann's verbieten? ich versteh Dich nicht.

Ernestine.
In jenem Büchlein steht —

Eduard.
Ach so und was?

Ernestine.
Daß Fürst und Fürstin stets sich Hoheit nennen,
Daß auch beim hohen Adel streng die Sitte,
„Herr Graf", „Frau Gräfin", sich zu heißen.

Eduard.
Ah!

Ernestine.
Und ist das wahr?

Eduard (belustigt).
Gewiß. Sobald Du mein —

Ernestine.
Dann muß ich „Graf" Dich nennen, jeder Zeit
Und Du mich „Gräfin?"

Eduard (wie oben).

Hm!

Ernestine.

Das lern' ich nie.
In diesem Eis erstarrt der Liebe Gluth.

Eduard.

So liebst Du mich?

Ernestine.

O geh, das weißt Du ja.

Eduard.

Sag's noch einmal, ich hör es immer gern.

Ernestine.

Ich liebe D i ch, doch nicht den „Grafen".

Eduard.

So?
Wie willst Du dann mich nennen?

Ernestine.

Wie's grad kömmt.
Mein Eduard, mein Gemahl, mein —

Eduard.

Nun?

Ernestine.

Mein Schatz.

Eduard.

„Mein Schatz!" so ist es gut und anders nicht.
Wirf doch das dumme Buch in's Feuer, Kind,
Und bleibe wie Du bist, so ist es recht.
Du weißt, ich mach mir aus dem Grafen nichts.

Ernestine.

Ja Du, jedoch Dein Vater! er ist stolz
Auf seinen Adel, wird er nicht dereinst
Das Bürgerkind als Eindringling betrachten?

Eduard (neckend).

Wenn das Dein Vater hörte, Ernestine!
Er sagte selbst einmal, mit stolzer Miene,

Daß eines Bürgermeisters Tochter wohl
So viel, ja mehr sei als ein Grafen-Sohn.

Ernestine.

Mein Vater! wohl, er däucht sich ebenbürtig
Jedwedem Prinzen, doch die Mutter meint,
Ich soll bei meinem Stande bleiben.

Eduard.

Ei..

Ernestine.

Sie sagt, es gibt genug der Bürgersöhne,
Die ihr weit lieber sind — so soll doch sie
Die Bürgersöhne nehmen, denn gewiß
Ich nehme niemals einen Andern — nie
Als Dich.

Eduard.

Du treuer Schatz. Nun und was noch!

Ernestine.

Der Mutter will es auch nicht recht gefallen,
Daß Du so lange heimlich thust und nicht
Mit Deinem Vater sprichst.

Eduard.

Ich sprach mit ihm;
Jedoch er ist, wie ich von je befürchtet,
Gar sehr erbost, ob seines Sohnes Wahl.
Das Vorurtheil des Adels ist bei ihm
Ein leider gar zu fest gewurzeltes;
Drum wandt ich mich an Herzogin Amalie,
Vertraut ihr unsre Liebe an und Noth
Und sie versprach zu werben bei dem Vater.
Ihr gibt er keinen Korb, denn was zumeist
Er fürchtet, ist der Hof und was man dort
Von dieser Messaliance wohl denken mag,
Mich liebt er sehr und wenn die Herzogin
Für uns plaidirt, dann gibt er nach und dann
Hat alle Heimlichkeit und Noth ein Ende.

Ernestine.

Ach, wenn's so weit schon wäre.

Eduard.

's wird, gewiß.

Ernestine.
Und wirst Du morgen in den Garten kommen?
Eduard.
Nein, Ernestine, morgen kann ich nicht..
Ernestine.
So soll ich morgen Dich nicht seh'n, weßhalb?
Eduard.
Mich ruft — nicht kann ich sagen Pflicht, jedoch
Verpflichtung. Denn ich muß auf die Redoute,
So ungern ich auch gehe.
Ernestine.
Wie, Du mußt!
Wer kann Dich zwingen?
Eduard.
Wer? Die Etiquette
Da Herzogin Amalie mich geladen
Und übel es vermerkt, wenn jemand fehlt,
Den einzuladen sie herab sich ließ.
Ernestine.
Sag ihr, Du seist versagt.
Eduard.
Das geht nicht, Kind.
Ernestine.
Doch ist es wahr. Du hast es mir versprochen.
Ich leid es nicht, sag ihr ich leid es nicht.
Du darfst nicht gehn, nicht ohne mich zum Balle,
Du würdest dort, umringt von schönen Frauen,
Das schlichte Bürgermädchen bald vergessen.
Eduard.
Die schönste stets bist Du, in meinen Augen.
Ernestine.
Geh geh, Du schmeichelst, doch Du liebst mich nicht,
Wenn Du mich liebtest, würdest Du nicht geh'n.
Eduard.
Du quälst mich, Ernestine, sei vernünftig.

Ernestine (schmeichelnd).

O bitte komm zu mir.
Eduard.
Ich kann nicht.
Ernestine.
Gut,
Schon gut, so geh auch ich auf die Redoute,
An Tänzern wird mir's schwerlich fehlen,
Denn Vetter Theobald und Werner werden
Sich schon um mich bemühen und vielleicht —
Wenn ich so schön bin, wie Du eben sagtest,
Auch Herzog Karl.
Eduard.
Du weißt nicht was Du sprichst.
Nimm Dich in Acht, die Eifersucht zu reizen,
Die, ich gesteh's, in meinem Herzen schlummert.
Nimm Dich in Acht.
Ernestine.
So wirst Du gehn?
Eduard.
Ich muß.
Ernestine.
Adieu, Herr Graf, ich sehe jetzt wohl ein,
Das Opfer ist zu groß und Eure Lieb
Zu klein, es mir zu bringen.
Eduard.
Ernestine!
Ernestine.
Wär eine Dame ich, Dir ebenbürtig,
Du wärest zu galant, ihr zu verweigern,
Um was vergeblich ich mit Thränen bitte.
(weint.)
Eduard.
Ich kann nicht, Ernestine, weine nicht
Du bist ein Närrchen.
Ernestine
(lehnt sich weinend an ihn).
Gehe nicht.

Eduard.
Wohlan,
So will ich lieber bei der Herzogin,
Ungnädig aufgenommen sein, als hier
Ich muß Dir wohl zu Willen sein, Du Kind.

Ernestine.
Du kommst?

Eduard.
Ja ja.

Ernestine.
Gehst nicht zum Balle?

Eduard.
Nein.

Ernestine
(nimmt seinen Kopf zwischen beide Hände und küßt ihn. Jubelnd:)
Du kommst und gehst zum Balle nicht! Du Schatz
Nun sollst Du auch die schönste Rose haben.

Eduard.
Die hab ich schon.
(Bauernmädchen und Bergknappen kommen einzeln und paarweise
von verschiedenen Seiten.)

Ernestine.
Komm, fort, es nahen Leute
Begleite nach dem Wagen mich und morgen
Da plaudern wir behaglich weiter.

Eduard.
Ja
Nun hast Du Deinen Willen durchgesetzt
Und lachst mich aus.
(reicht ihr seinen Arm).

Ernestine.
Wo denkt Ihr hin, Herr Graf.
Im Büchlein steht „das Lachen ist nicht sein,
Es schickt sich nicht", so will ich ernsthaft sein.
(ist einen Moment ernst und geht dann kindlich lachend mit ihm
durch die II. Coulisse links ab.)

Zweiter Auftritt.

(Die Scene füllt sich, Bauern und Bergknappen gehen ab und zu, setzen sich an die Tische und lagern am Boden, essend und trinkend.)

Merk
(aus der dritten Coulisse links, den Hut in der Hand, sich die Stirne wischend).

Da ist der Gickelhahn, so bin ich recht,
Doch seh ich keinen Göthe weit und breit,
Nun fehlte nichts, als daß ich ihn verfehle,
(sich an den Tisch im Vordergrunde links setzend)
Ein schön Stück Weg, es ist mir heiß geworden,
Die Sonne brennt als ob es Sommer wäre.
Es war ein dummer Streich, ihm nicht zu schreiben.
So geht es, wenn man überraschen will.

Schenkmädchen.
Ist Euch ein Trunk gefällig?

Merk.
Selbstverständlich.
Doch rasch.

Schenkmädchen.
Vom rothen oder weißen Wein?

Merk.
Das gilt mir gleich, nur laßt's vom Besten sein.
Der ist gewiß noch schlecht genug. Nur rasch.
(Schenkmädchen in das Wirthshaus ab, stellt gleich darauf ein Glas und einen Krug auf den Tisch.)
Wer weiß, ob mir die Alte recht berichtet.
Vielleicht, indeß ich hier vergeblich warte
Sitzt Göthe ruhig zu Hause und studirt.
Ich hab es nie begriffen welch Vergnügen
Es für den Städter ist so weit zu laufen,
Um mit dem Bauernvolke dann zu saufen.
(schenkt sich Wein ein)
Die Zunge ist mir trocken von dem Gange.

Dritter Auftritt.

Der **Vorige.** Ein **Bergknappe** mit seinem Mädchen.

Bergknappe
(zu Merk).

Ist es erlaubt, hier Platz zu nehmen?

Merk (mürrisch)

Nein.

Es kommen Freunde noch, die ich erwarte.

Bergknappe
(zu seinem Mädchen).

Der ist nicht übermäßig höflich, komm,
Dort ist noch Platz.
(setzen sich an einen Tisch rechts)

Merk.

Das könnt' ich brauchen.
Ein Liebespaar, an meiner Seite girrend,
Bin grade disponirt es anzuhören.
(trommelt ungeduldig auf dem Tisch)

Vierter Auftritt.

Die **Vorigen. Carl August. Göthe.** Beide in Bergmannstracht kommen, einer den Arm um den Hals des Andern geschlungen, aus der zweiten Coulisse rechts.

Göthe (halb singend).

Wie wir nun beisammen sind
Sind zusammen viele
Und es kommt manch schönes Kind
Her zum Tanz und Spiele.
Glück auf!

Bergknappen (in seiner Nähe).

Glück auf!

Carl August (zu Göthe).

Wir haben uns verspätet
Es geht schon lustig her.

Göthe.

Nun um so besser,

Denn um der Langweil Willen kam ich nicht.
Nun heißt es einen Platz erobern, dort
Bei jenem Herrn sind noch zwei Stühle frei.

Bergknappe.

Glück auf! nehmt Euch in Acht, der beißt, er sagt,
Die Plätze sind belegt.

Carl August.

Das will ich seh'n.
Wer Erster in der Mühle, mahlt zuerst.
Wir machen kurzes Federlesen. Komm.
(gehen an den Tisch)
Hier ist doch frei?

Merk (den Stuhl packend ohne umzusehen).

Mit nichten, dort ist Platz.
Ich will allein sein.

Göthe.

Gut, dann geht nach Hause.

Merk (aufspringend).

Ha welche Stimme! richtig, Göthe.

Göthe.

Merk!
(umarmt ihn stürmisch)
Mein Heinrich, Freund! bist Du es wirklich. Oh
Ich hätt' Dich an der Grobheit kennen sollen.
Was bringt Dich her, hierher nach Ilmenau?

Merk.

Und bist Du's wirklich denn? in Bergmannstracht,
Was fällt Dir ein, es ist doch Faßnacht nicht.

Göthe.

Es macht mir Spaß, Du weißt's, mich zu verkleiden,
Doch nun erlaubst Du wohl, daß wir uns setzen?

Merk (nach Carl August zeigend).

Der Bursche auch? laß ihn zu Seinesgleichen.

Carl August (belustigt).

Zu Meinesgleichen? das ist schwer. Genir ich?

Göthe (leise zu Carl August).

Er kennt Dich nicht. Das gibt 'nen Höllenspaß,
S' ist Merk, von dem ich Dir so viel erzählt.
(laut)
Der bellt nur, doch er beißt nicht, setze Dich.

Merk.

Na meinetwegen nehm er Platz.

Carl August.

Ich danke.

(setzen sich. Göthe an die Ecke links, Carl August in die Mitte, zwischen Merk und Göthe)

Göthe (auf den Tisch klopfend).

He Wirthschaft Wein!
(das Schenkmädchen eilt herbei und bringt bald darauf Gläser und Wein)
Von Eurem besten Rothen,
Der bringt die Menschen um und weckt die Todten.
Und nun erzähle, Merk, wo kommst Du her?

Merk.

Von Darmstadt, recta via, Dich zu seh'n.

Göthe.

Ist auch der Mühe werth und schön von Dir.

Merk.

Ich dachte Dich zu überraschen.

Göthe.

Ah!

Merk.

Doch überrascht war ich — Dein Haus stand leer.

Göthe.

Und Philipp?

Merk.

Ausgeflogen. „Qualis rex."
Du kennst das Sprichwort doch?

Göthe.

Gewiß.

Merk.
                                                   Ich stand
Vor Deiner Thüre lang, bis mir ein Weib,
Das Neugier wohl an's Fenster hat getrieben,
Herunter rief: „Herr Göthe ist nicht da
Und kommt vor morgen Früh wohl nicht zurück.
Er ist nach Ilmenau gefahren."
Göthe.
                                                    Schau
Was die Frau Nachbarin nicht alles weiß!
Doch diesmal bin ich ihr zu Dank verpflichtet.
's ist herrlich, daß Du kommst und eben jetzt.
Bedenke Merk, was Du ein Glückskind bist.
Wir haben morgen Abend gleich Redoute,
Da mußt Du hin, Du amüsirst Dich sicher.
Merk.
Das glaub ich wohl, auch möcht ich gar zu gerne,
Denn viel schon hört' ich von der Bälle Pracht,
Allein es wird nicht geh'n.
Göthe.
                            Und weshalb nicht?
Merk.
Noch kenn ich ja den Herzog nicht, bedenke,
Bin ihm nicht präsentirt.
Carl August.
                         Hat nichts zu sagen.
Laßt bei der Herzogin nur gleich Euch melden,
Der Herzog schenkt es Euch.
Merk.
                      Was schwätzt denn er
Von Dingen, die er nicht verstehen kann.
Ich weiß es besser, wie die Etiquette
So streng gehandhabt wird an allen Höfen.
Carl August (belustigt).
Ja in der That, Ihr müßt es besser wissen.
Göthe.
Und hast Du weiter keinerlei Bedenken?

2*

Merk.
Ganz sicher nicht, ich gienge herzlich gerne.
Göthe.
Dann will ich Dich dem Herzog präsentiren.
Merk.
So stehst Du noch auf gutem Fuß mit ihm?
Das nimmt mich Wunder, denn gar ephemer
Ist Fürstengunst und Liebe, doch man sagt,
Karl August sei ein ganz passabler Mensch,
Ein aufgewecktes, kluges, muntr'es Bürschchen,
Das oft vernünft'ger spricht, als mit Vernunft
Von seiner Jugend sich erwarten läßt.
Göthe
(Karl August lachend auf die Achsel klopfend).
Ja ja, er ist nicht ohne. Nicht wahr Freund?
Carl August.
Ein bischen wild.
Merk.
Mag sein, doch er bewies,
Daß Herz und Kopf am rechten Flecke sitzen,
Da er den Göthe sich zum Freund erwählt.
(Göthe verbeugt sich lachend)
Gar viel erzählt man sich von Dir und ihm
Und Euren Streichen.
Carl August.
Ah! Ihr hörtet schon!
Das wird wohl nicht viel Rühmenswerthes sein,
Den Herzog kenn ich, seh' ihn alle Tage
Und im Vertrauen, Herr, kann ich Euch sagen —
Merk.
Er kennt mich nicht und soll mir nichts vertrau'n,
Weiß er vom Herzog Schlimmes sag er's i h m.
Göthe.
Er ist und bleibt ein ächter Bullenbeißer.
Carl August.
Laß gut sein, Göthe, das gefällt mir eben.
Genug des Zuckers wird mir ja geboten,
Ein wenig Pfeffer kömmt dem Manne gut.

(Zu Merk).
Drum sprecht getrost nur von der Leber weg
Wie der, der scheert den Teufel sich, glaubt mir,
Um meine Herzogs=Würde

Merk
(welcher mit sichtlichem Befremden zugehört, erhebt sich bestürzt).
Wie! was hör ich.
So seid Ihr Seine Durchlaucht Herzog Carl.

Carl August (lacht).
Zu dienen, aber bleibt nur sitzen, Merk.

Merk
(peinlich verlegen, während Carl August und Göthe herzlich lachen).
Ich weiß mich nicht zu fassen — Durchlaucht — glaubt
Ich bin so dumm sonst nicht als ich jetzt scheine,
Doch find' ich keine Worte — keinen Trost
Als daß Carl August, dieser edle Fürst —

Carl August (lachend).
Ein aufgewecktes, kluges, muntres Bürschchen,
Ein ganz passabler Mensch.

Merk (sich die Stirne wischend).
Es ist entsetzlich.

Carl August.
Der weit vernünft'ger ist.

Merk (verzweifelt).
O bitte, nein.

Göthe (lacht).
Nun macht er's gut, spricht die Vernunft Dir ab.

Merk (wüthend zu Göthe).
Du schweig, Du bist an allem Unheil Schuld,
Du konntest die Verlegenheit mir sparen.

Göthe.
Bist Du nicht Hofmann, hast 'ne feine Nase,
Du mußtest spüren, wer der Herzog ist.

Carl August.
Laßt's gut sein, Merk, und macht Euch keine Sorge,
Wir Fürsten ohne Kron' und Scepter sind,

Gewöhnlich, wie ein and'res Menschenkind.
Doch da Ihr nun dem Herzog präsentirt
So wie die Etiquette es erfordert,

Göthe.
So ganz nach Vorschrift war das eben nicht.

Carl August.
Gleich viel. Bleibt Euch kein weiteres Bedenken
Den schönen Maskenball Euch anzuseh'n.

Merk.
So viele Güte hab ich nicht verdient.

Göthe.
Was liegt daran. Das kommt im Leben vor.
Denn würde nach Verdienst man nur geehrt,
Wär' manch besternter Mann gar wenig werth.
Nun aber laß uns endlich praktisch sein.
   (zu Carl August)
Du mußt dem Freunde eine Maske leih'n,
Den Teufel, denk ich, den Du neulich trugst.

Merk.
Welch eine Kühnheit, Göthe!

Göthe.
       Und weßhalb?
Die Maske wird Dich trefflich kleiden, Freund,
Die Nase hast Du schon —

Merk.
       Und fehlte sie,
Du drehtest mir wohl eine; doch ich staune
Ob Deiner Dreistigkeit, daran zu denken,
Daß Seine Durchlaucht mir —

Göthe.
      Was ist dabei?
Man hilft sich gegenseitig aus. Sieh her,
 (zieht Carl August das Sacktuch aus der Brusttasche)
Das Taschentuch ist mein, ich lieh es ihm.

Carl August.
Und mein die Blouse, die der Göthe trägt.

Göthe
(macht Miene, seine Blouse aufzuknöpfen).
Willst Du sie wieder?

Carl August.
Laß doch, Göthe, nein
Du brauchst sie wohl für morgen Abend noch?

Göthe.
O nein. Als Schäfer geh ich — doch wie schade,
Nun hab ich meine Maske Euch verrathen.
Ich hätt Euch gerne alle zwei genarrt.

Carl August.
Als ob ich Dich nicht gleich erkennen würde.

Göthe.
Oho! Das käm auf eine Probe an.

Merk.
Erspar die Proben, bilde Dir nichts ein,
Denn wenn Du alle täuschtest, würde ich
Dich alsogleich erkennen, wie soeben.

Göthe.
Soeben! nun das ist kein großes Wunder
So ohne Maske; zwar zu Sesenheim
Hab ich bei einer Landparthie mich einst
Als Kellner angezogen — ohne Maske —
Ward nicht erkannt.

Merk (spöttisch).
Je nun. „In Sesenheim".

Carl August.
Ja allerdings, in Weimar gieng das nicht.
Du kannst die Augen nicht verbergen, Wolf,
Noch Deinen Gang, die ganze Art und Weise.

Göthe.
Das Letztere bestreit ich ganz. Ich wette
Es kennt mich Niemand, wenn ich ernstlich will.
(Carl August und Merk lachen spöttisch.)
Nun — gilt's 'ne Wette?

Carl August.
Ja, es gilt.

Göthe (zu Merk).

Und Du?

Merk.
Ich wette mit. Selbst unter einer Maske
Erkenn' ich Dich sofort, deß bin ich sicher.

Göthe.
Wir werden seh'n. Im Lauf des Carnevals —
Denn jetzt natürlich, da Ihr auf der Hut —
Versuch ich's gar nicht, Euch zu täuschen.

Carl August und **Merk** (spöttisch).

Ah!

Göthe.
Jedoch wir haben Wochen noch vor uns,
Ich werde die Gelegenheit schon finden.

Merk.
Wir warten's ab; doch sprich, was gilt die Wette?

Göthe.
Zwölf Flaschen Wein mit nobler Etiquette.

Merk.
Mir wässert schon der Mund danach.

Göthe.

Hab Acht,
Daß nicht der Wein zu Wasser wird, mein Freund,
(Die Bergknappenmusik im Hintergrund stimmt leise ihre Instrumente)

Carl August (sich erhebend).
Wollt Ihr 'ne schöne Gegend sehen, Merk?
Dann kommt mit mir, nur einen Augenblick,
Ich zeig ein Panorama Euch — gleich dort —
Ein wahr bijou. Willst Du nicht mit uns, Göthe?

Göthe.
O ja gewiß.
(geht ein paar Schritte und bleibt steh'n)
Doch nein, ich kenn es schon
Und bin ermüdet.

Carl August.
Wie Du willst.

Merk.
           Ich folge.
(Merk und Carl August durch die II. Coulisse rechts ab.)

Fünfter Auftritt.
Bergknappen und **Mädchen**. **Göthe.**

Göthe
(steht sinnend).
Wie mach ich's nur, daß ich sie Beide foppe.
Wenn ich als Dame gienge — nein unmöglich,
Ich bin zu groß, dann kennt man mich sogleich —
Als Kapuziner — bah ein alter Witz
Und eine unbehaglich heiße Maske. —
Es nützt das Denken nichts bei einem Scherze,
Es muß von selber kommen — rasch, im Nu.
So will ich's denn dem Zufall überlassen,
Mich nicht besinnen. — Ah! der Bürgermeister.

Sechster Auftritt.
Die **Vorigen**. **Heinzmann** und **Georg** aus der II. Coulisse links. Heinz=
mann ist ein starker Mann mit struppig aufstehendem Haar,
grauem Schnurr= und Knebelbart, starken Brauen. Er hält sich
  auffallend gerade und hustet oft während der Rede.

Göthe.
Ah Heinzmann! das ist lobenswerth, daß Ihr
Zum Feste kommt. Ihr habt mir schon gefehlt.
   (schüttelt Heinzmann und Georg die Hand)

Heinzmann.
Je nun, als Bürgermeister dieser Stadt,
Als oberste Behörde, so zu sagen,
Däucht es mich Pflicht, mich heute hier zu zeigen,
Denn sintemal und alldieweil das Volk
Sobald es sauft und tanzt auch gern krakehlt
So muß dabei ich sein.

Göthe.
        Ja ganz gewiß.

Heinzman.
Ich schuld es so zu sagen meiner Stellung
Daß ich dem Volk mich zeige.
Göthe.
In der That.
Da habt Ihr Recht Herr Bürgermeister. Nun
So wird man morgen auch auf der Redoute
Die Ehre haben Euch zu sehen.
Heinzmann.
Nein.
Ich habe keine Zeit, da so zu sagen
Das Wohl der Stadt auf meinen Schultern ruht.
Göthe (für sich).
Was fällt mir bei! Ein herrlicher Gedanke
Er geht nicht hin, das fügt sich wunderschön.
(Laut).
Und was beschäftigt denn die weisen Väter
Der guten Stadt so sehr?
Heinzmann.
Das fragt Ihr noch.
Die Straßen müssen neu gepflastert werden
Das muß nun mit dem Kopf geschehen, denn
Die Bürger wollen so zu sagen nie
Mit ihrem Geld herbei, das kostet Mühe.
Und dann — dann gibt es Aerger noch die Fülle
Denn sintemal und alldieweil sich jetzt
Aus Jena viel Studenten hier befinden
So fehlt es nicht an Schabernack, den sie
Vor unsrer Nase so zu sagen üben.
Georg.
Habt Ihr von dem Skandal denn nichts gehört?
Göthe.
Kein Wort.
Georg (zu Heinzmann).
Laßt's mich erzählen.
Heinzmann.
Gut erzähle.
Das übt den Fluß der Rede so zu sagen.

Georg (mit schelmischem Entsetzen).
Man hat mit frevler Hand gewagt, heut Nacht,
Zu stehlen die Laterne an der Kirche.
Statt deren hieng ein Zettel an dem Pfahl
Darauf die Worte groß geschrieben standen
  „Die Kirche hat das Licht nicht gern
  Drum braucht die Kirche kein Latern."
    (tritt hinter Heinzmann verstohlen lachend)
        Göthe (komisch ernst).
Das ist fürwahr 'ne grausenvolle That.
          Heinzmann.
Ich werde diese Bursche streng bestrafen.
           Göthe.
So habt Ihr sie erwischt?
          Heinzmann.
            Bis jetzt noch nicht.
Doch wenn wir so zu sagen sie erwischen.
        Georg (für sich).
Dann hängt er sie gleichwie wie die Nürnberger.
          Heinzmann.
Dann werd ich ein Exempel statuiren.
Um aber bei der Sache doch zu bleiben
Ich kann auf die Redoute diesmal nicht
Und Herzogin Amalie hat mich gnädig
Schon dispensirt, da ja doch so zu sagen
Für mich ein Ball eine Strapaze ist.
  (steht mit dem Stock am Mund so lange die andern sprechen).
           Georg.
Eine Strapaze! wär ich Bürgermeister
Ich tanzte, daß es eine Art.
           Göthe.
              So so.
Du giengst wohl gerne?
           Georg.
            Ach für's Leben gern.
        Göthe (für sich).
Nun ist mein Plan gemacht, es wird süperbe
Den Jungen nehm ich mit, es macht ihm Spaß.

Heinzmann.
So darf — um bei der Sach zu bleiben — ich
Mir einmal Ruhe gönnen. Komm' Georg
Wir wollen so zu sagen endlich auch
Nach einem Platze fahnden.
Göthe.
Bitte laßt
Den Georg mir noch einen Augenblick.
Heinzmann.
So komme nach. Ich sprech' indessen noch
Ein wenig so zu sagen mit dem Volke.
(nickt Göthe zu und spricht im Hintergrunde herablassend mit
einigen Knappen und Mädchen).
Göthe (sich umsehend, leise zu Georg).
Willst Du mit mir auf die Redoute gehen?
Georg.
Auf die Redoute Herr!
Göthe.
St nicht so laut.
Georg.
Das ist mein höchster Wunsch seit langer Zeit
Ist's Euer Ernst denn?
Göthe.
Ja, ich nehm Dich mit,
Doch mußt Du schweigen können.
Georg.
O ich kann's.
Göthe.
Es darf Dein Vater nichts davon erfahren
Kannst Du verschwiegen sein?
Georg.
Ich bin ein Mann.
Göthe.
So gib Dein Ehrenwort, daß keiner Seele
Dem Vater nicht, noch Mutter, oder Schwester,
Noch irgend einem Freunde Du verräthst
Den Scherz den wir zusamm' vollführen wollen.

Mein Ehrenwort.

Georg.

Göthe.
So ist es gut mein Junge,
Dann komme morgen Früh, recht früh zu mir
Auf daß ich Näheres mit Dir bespreche
Ich werde krank sein.

Georg.
Krank! seid Ihr nicht wohl?

Göthe.
Ich werde m o r g e n krank sein.

Georg.
Ah! Ja so.
Herr Gott, das wird ein wundervoller Spaß,
Ich freu mich, freu mich schauderhaft.

Göthe.
Still still
Und sag, wirst Du es möglich machen können
Vom Hause unbemerkt Dich zu entfernen?

Georg.
Nur ruhig, das mach ich schon, ich werde krank,
Wie Ihr, Herr Göthe, leg mich früh zu Bette
Und wenn mich Alle schlafend wähnen, dann,
Dann schleich ich durch die Hinterthür mich leise
Zum Haus hinaus, so hab ich's oft gemacht.

Göthe.
So so mein Junge, das erleichtert mir
Bedeutend das Gewissen. Geh.

Georg.
Auf morgen!
(springt zu seinem Vater)
(Die Musik beginnt zu spielen, Paare stellen sich an, Göthe spricht
mit einem Bauermädchen.)

Siebenter Auftritt.

Die **Vorigen.** **Carl August.** **Merk** aus der II. Coulisse rechts.

Merk.
Superbe, superbe, ich dank Euch, Durchlaucht, Ah!
Der Göthe scheint bereits die Cour zu schneiden.

                    Göthe (Merk zurufend).
Hast Du nicht Lust zu tanzen?
                         Merk.
                                        Wahrlich nein,
Des Abends thu ich keine Arbeit mehr.
                    (setzt sich an seinen Platz)
                       Carl August.
Und nehmt Ihr mir's nicht übel?
                          Merk.
                                         Gott bewahre.
            (Carl August mischt sich unter die Tanzenden)
Es ist was schönes um die Jugend, zwar
Der Tanz däucht mich ein Blödsinn und ich habe
Selbst in der Jugend niemals gern getanzt,
Weil ich, fast glaub ich's, niemals jung gewesen.
            (dreht seinen Stuhl und sieht den Tanzenden zu)
Der Herzog hat sich eine dralle Dame,
So einen rechten Arm voll ausgesucht,
Da weiß er doch auch was er hat, dieweil
Die schlanken Wespen-Taillen die bei Hofe
Mit spitzen Fingern er gar zart umfaßt,
Nicht so viel Spaß bereiten und es macht
Die Abwechslung dem Manne stets Vergnügen.
                       Carl August
(seine Tänzerin verlassend und sich die Stirne wischend tritt zu Merk).
So einsam Merk?
                          Merk.
                                     Ich sehe gerne zu,
Es ist bequemer.
                       Carl August.
                                      Das begreif ich nicht
Ich tanze leidenschaftlich gern.
                          Merk.
                                         Und Göthe
Tanzt gerne leidenschaftlich, seht ihn an.
                       Carl August.
Er tanzt süperbe, so wie er alles thut,
Ein wunderbarer Mensch, von Gott begabt,
Von der Natur bevorzugt wie nicht Einer.

Merk.
Auf seinen Kopf hab ich stets viel gehalten
Nun lern ich seine Beine respectieren.
Er tanzt so wild, daß mir vom Sehen schwindelt.
Carl August.
Ja, Ihr habt Recht, es muß ihm schaden.
(ruft)
Göthe!
So hör doch, Wolf, nimm Dich in Acht, hör auf.
(Göthe, welcher wild im Kreise getanzt, läßt plötzlich seine Tän=
zerin fahren und hält sich wankend an Carl August mit einer
Hand seine Augen beschattend).
Carl August.
(ihn besorgt umfassend).
Was ist Dir Göthe, sprich.
Göthe.
Mir schwindelt, Carl!
Der Boden wankt, o halte mich, ich stürze.
Merk
(einen Stuhl bringend, auf welchen Göthe sinkt ohne Carl
Augusts Hand loszulassen)
Du wirst in Deinem Leben nicht vernünftig.
Göthe.
Laß Deine Hand mir Carl. Um Gottes Willen
Was dreht Ihr alle Euch im Kreise, ruhig.
Oh bleibt doch ruhig, ich kann's nicht seh'n.
Schenkmädchen
(ein Glas Wein vom Tische nehmend).
Hier
Nehmt einen Schluck, das wird Euch helfen Herr.
(die Musik hat aufgehört, Alle stehen herum).
Heinzmann
(wichtig sich durchdrängend).
Was ist geschehen, Platz Ihr Leute, Platz.
Schenkmädchen.
Der Herr ist krank geworden.
Heinzmann.
Krank.

Georg
(neugierig vorsehend für sich).
Aha!
Das ist für morgen hoffentlich, nicht Ernst.

Heinzmann.
Durchlaucht ich hab' die Ehre so zu sagen
Euch meine Dienste anzubieten.

Carl August
(ängstlich um Göthe beschäftigt)
Danke.
Nur einen Wagen.

Heinzmann (wichtig befehlend).
Einen Wagen! rasch!

Schenkmädchen.
Ich will ihn gleich bestellen.
(ab)

Georg (schelmisch ernst).
Guter Gott
Herr Göthe krank! was mag ihm fehlen Vater.

Heinzmann.
Ein apoplekt'scher Anfall so zu sagen
Befürcht ich fast.

Carl August.
Um Gottes Willen schweigt,
Sprecht so Entsetzliches nicht aus.

Merk
(Göthe das Glas reichend).
Komm trink.
(Göthe trinkt mit geschlossenen Augen)
Fühlst Du Dich besser?

Göthe.
Ja, ein wenig.

Carl August.
Ah!
Und glaubst Du, daß Du bleiben kannst?

Göthe.
Nein nein,
Ich will zu Bett mich legen.

Carl August.

Armer Freund!

Merk.

So geht es, wer nicht hören will muß fühlen.
Der Mensch ist doch einmal kein Rad.

Carl August.

Still, still,
Helft mir ihn führen, Merk.

Göthe (aufstehend).

Es läßt schon nach,
Ich kann allein geh'n, laßt mich.
(öffnet die Augen, geht zwei Schritte)

Teufel, nein.
(sinkt, von Carl August und Merk gestützt, zusammen)

Vorhang fällt.

Zweiter Akt.

(Eleganter Ball-Saal. Im Hintergrunde gehen Masken auf und nieder. Rechts und links einige Fauteuils und Stühle.

Erster Auftritt.

Herzogin Amalie, in polnischem Costume. **Carl August** als Pole, reich gekleidet. **Merk** als Teufel. **Thusnelde** als Zigeunerin. **Bertuch** als Don Quixote. **Cavaliere. Damen,** alle in Costumes ohne Masken, aus der II. Coulisse rechts.

Amalie (zu Merk).

Es ist die halbe Lust, der halbe Glanz
Da Göthe fehlt. Wie habt Ihr ihn verlassen?

Merk.

In gleichem Zustand fast, wie wir zu Bette
Ihn gestern brachten.

Carl August.

     Armer Wolf! Ich saß
An seiner Seite bis zur Tafel noch
Und wollte bei ihm wachen, doch er sagte —
Wie er denn, krank sogar, zu scherzen pflegt,
„Geh nur mit Merk und amusirt Euch gut,
Ich werde die Redoute nicht vermissen,
Da ja das ganze Zimmer mit mir tanzt."

Amalie.

So hat der Schwindel noch nicht nachgelassen?

Merk.

Er liegt seit gestern mit geschloßnen Augen
Und ohne Fassung ist der arme Philipp.

Thusnelde.
Was meint der Doctor?
Carl August.
Nun, er sagt es könne
Wohl rasch vorüber geh'n, da Göthe aber
Schon früher, wie er weiß, an Schwindel litt —
Merk.
Zu Straßburg, ja, und damals war's bedenklich,
Carl August.
So läßt sich nicht ermessen, wie es geht,
Und dieser Ausspruch macht mich sehr besorgt,
Es ist der ganze Abend mir verdorben.
Amalie.
Mein Carl, den Luxus der Gefühle darf
Ein Fürst sich nicht gestatten, und der Gast
Soll nicht empfinden, daß der Freund ihm fehlt.
Es wird so schlimm nicht sein, der Delius ist
Ein Angstmann stets, man muß das Beste hoffen. —
Ich will nur einen Augenblick hier ruhn,
Ich bin ermüdet und es ist hier kühler,
Auch amusant wenn alle defiliren.
(setzt sich in einen Fauteuil links, Carl August ihr zur Rechten, Merk zur Linken desselben, neben diesem Thusnelde, dann Bertuch, Damen mit Cavalieren stellen sich hinter die Stühle, Masken gehen auf und ab)
(zu Merk)
Um Euch, Herr Kriegsrath, ist mir's herzlich leid,
Daß Ihr den besten Freund entbehren müßt.
Doch wollt Ihr ihn in ganzer Größe sehn
Dann kommt nach Tiefurth morgen Abend, dort
Trefft Ihr in trautem, kleinem Kreise uns.
Merk.
Nicht find ich Worte, meinen tiefen Dank
Der hohen Gnade anzupassen.
Amalie (lachend).
Wohl,
Dann sucht sie nicht, denn das Gesuchte war
Von je zuwider mir.

Carl August.
       Nun sagt doch Merk,
Ist's nicht ein malerisches Bild?
          Merk.
                Gewiß,
Nur etwas ruhelos für ein Gemälde.
(Sokrates, hinter ihm eine Maske mit Eselskopf gehen vorüber)
       Thusnelde (nach Sokrates deutend).
Durchlaucht erlaubt, kennt Ihr die Maske dort?
          Amalie.
Wen meinst Du denn?
         Thusnelde.
       Den Sokrates.
         Carl August.
                Superbe!
Das ist —
       (bricht lachend ab)
         Amalie (lacht).
     Wahrhaftig s'ist der gute Lenz
Der alle Tage dumme Streiche macht.
          Bertuch.
Die Rolle aber spielt er gut, er schweigt.
         Amalie (wie oben).
Ja das ist wahr, das sollt er immer thun.
           Merk.
Das Schweigen aber just ist ein Talent,
Das nur der Weise richtig übt und kennt.
         Carl August.
Welch sonderbar Zusammentreffen, seht
Wie hinter Sokrates ein Esel geht.
         Thusnelde.
Das ist vermuthlich des Contrastes wegen.
           Merk.
Man könnte manchen Weisen nicht erkennen
Gäb' es nicht Esel, die ihn weise nennten.

Amalie.
Seht, seht, da geht Hans Sachs. Nun Bertuch eilt
Nun könnt Ihr gleich den wackern Schuster fragen
Wie Euer letztes Werk ihm thät behagen.
Bertuch (lachend).
Durchlaucht ich frag ihn lieber nicht, ich fürchte
Er würde grob.
Amalie
(erhebt sich, Alle stehen auf).
(lachend)
Das könnte arriviren.
(erklärend zu Merk)
Der Bertuch hat Hans Sachsens Werke jüngst
Gesammelt und herausgegeben. Doch
Gar wenig Anklang fand es.
(geht langsam zwischen Carl August und Merk nach links, sich
lachend nach Bertuch umsehend)
Bertuch.
Bin getröstet.
Carl August.
Da habt Ihr Recht, lest Ihr allein es nur,
Gibt für die Andern es Makulatur.

Zweiter Auftritt.

Die Vorigen. Göthe, Georg am Arme, aus der II. Coulisse links.
— Göthe als spanischer Edelmann, in Manieren, Stärke, Haltung und ganzem Aeußern wie Heinzmann. Er ist ohne Maske, trägt struppiges Haar, grauen Schnurr- und Knebelbart, starke Brauuen. (Die Aehnlichkeit mit dem Bürgermeister ist täuschend zu machen. Georg ist als Spanierin elegant gekleidet, er trägt sein schwarz geringeltes Haar ungepudert, piquante arrangirt, eine rothe Rose in demselben; in seinen Manieren läßt er mitunter leicht den Knaben durchblicken.)

Göthe und Georg
(bleiben, da der Hof vorbei will, stehen und verbeugen sich tief).
Carl August.
Welch' schöne Spanierin!
Amalie
(stehen bleibend, zu Thusnelde).
Wer mag das sein?

Thusnelde.
Sie kenn ich nicht, doch er ist Heinzmann, sicher.
Amalie.
Wahrhaftig ja.
(zu Merk leise)
Das ist der Bürgermeister
Den müßt Ihr kennen lernen, 's lohnt der Mühe.
(zu Heinzmann, der sofort Georgs Arm frei gibt, worauf der Herzog mit ihm spricht. Georg benimmt sich zimperlich coquette, sie gehen nach einiger Zeit sprechend nach dem Hintergrunde)
Ei Heinzmann es ist schön, daß Ihr nun doch,
Trotzdem Ihr Euch entschuldigtet, gekommen.
Göthe
(hustet).
Durchlaucht es litt mich so zu sagen nicht
Zu Haus, denn sintemal und alldieweil
Ich doch die Hauptperson hier bin natürlich.
Amalie
(sieht hinter ihrem Fächer lächelnd nach Merk).
Göthe.
So mußt ich fürchten, daß das ganze Fest
Um seine Weihe, so zu sagen, käme.
Amalie.
Da habt Ihr Recht, Herr Bürgermeister, denn
Ich wüßte nicht, was Weimar wär ohn' Euch.
Göthe.
Durchlaucht, das fühl ich so zu sagen selbst.
Amalie
(lacht hinter ihrem Fächer).
Herr Kriegsrath, es geziemt sich wohl, ich denke,
Daß ich den Bürgermeister Heinzmann, Euch
Der höchsten Obrigkeit, jetzt präsentire
Herr Kriegsrath Merk, Herr Bürgermeister Heinzmann.
(die beiden verbeugen sich, Göthe hustet)
Amalie (leise zu Thusnelde).
Jetzt muß ich mir den Merk genau betrachten,
Der Heinzmann ist ein amusanter Kauz.
Göthe.
Herr Kriegsrath, ich bin so zu sagen glücklich,
Daß ich die Ehre habe, Euch zu seh'n,

Denn sintemal und alldieweil ich oft
Und viel von Euch gehört.
  Amalie (leise zu Merk).
         Nun wie gefällt
Euch seiner Rede Styl?
  Merk (ebenso).
         Er ist verrückt.
  Göthe.
Um bei der Sach zu bleiben, viel gehört?
Bedaur' ich nur, daß gestern ich nicht wußte
Wen Weimars Mauern gastlich jetzt umschließen,
Denn unsres großen Göthe Freund, der ist
Auch so zu sagen Weimars Eigenthum.
Und sintemal und alldieweil ich hier
Der Bürgermeister bin, begrüß ich Euch
Im Namen Weimars.
  Amalie.
      Bravo Heinzmann, gut.
Die Rede wär des Druckens werth gewesen.
Nun aber beichte, alter Sünder, rasch,
Wer ist die junge Dame die Du führtest,
Die Spanierin, wo ist sie denn?
  Thusnelde.
          Sie geht
Mit Seiner Durchlaucht dort.
  Amalie (für sich).
        Ah! der Herr Sohn
Scheint sich bereits zu amusiren.
  Göthe.
         „Sünder"!
Ich möchte das Epitheton mir doch
Gar sehr verbitten dürfen, Durchlaucht, denn
Da ich doch so zu sagen Bürgermeister,
Die höchste Obrigkeit hier bin, so darf
Den Sünder ich mir nicht gefallen lassen.
  Merk.
So widerlegt den Sünder und gesteht,
Wer jene Dame ist.

Amalie (lachend).
                              Das ist das Beste.
Göthe.
Nun, das ist so zu sagen meine Tochter,
Was an der Aehnlichkeit Ihr wohl erkennt.
                (Alle lachen)
         Amalie (leise zu Merk).
Er ist originell. Doch kommt, wir wollen
Versuchen Seine Durchlaucht aufzufinden.
(nickt Heinzmann zu. Alle nach dem Hintergrunde links ab.
    Heinzmann hat sich Bertuch angeschlossen)

Dritter Auftritt.

Carl August. Georg aus dem Hintergrunde rechts.
             Carl August.
Wie ist es möglich, daß ich nie Dich sah,
Daß solch ein Wesen konnt verborgen bleiben.
Das ist ein Unrecht.
            Georg.
                     Sagt's dem Vater, bitte,
Er hält mich gar zu strenge.
            Carl August.
                          Armes Kind!
Hast Du Geschwister?
            Georg.
                     Eine Schwester — nein,
Ich meine einen Bruder.
            Carl August.
                        Gleicht er Dir?
            Georg.
Das will ich meinen, man verwechselt uns.
            Carl August.
Dann ist Dein Bruder wunderschön.
            Georg (coquette).
                                O geht.
So wär ich schön?

Carl August

Du bist entzückend, Kind.
Wie heißt Du?

Georg.

Georg — ach verzeiht, ich meinte,
Ihr fragt nach meines Bruders Namen — ich,
Ich heiße Ernestine.

Carl August.

Ernestine!
Ein schöner Name.

Georg.

Nun das mein ich nicht,
Ich finde ihn verteufelt lang.
(erschrickt)
Oh bitte,
Sagt nur dem Vater nicht, was ich gesprochen,
Er zankt mich stets, daß ich so burschikos.
Das lern ich so von Georg, meinem Bruder.

Carl August (für sich).

Sie ist entzückend, ganz aparte piquante.
(laut)
Aus Deinem Munde hör ich alles gern.
Und nun erzähle mir, mein schönes Kind,
Was treibst Du Schönes denn den ganzen Tag?

Georg.

Ich lern Lateinisch — Griechisch — nein Französisch,
Französisch wollt ich sagen — Durchlaucht ach,
Wenn Ihr mich anseht, werd ich ganz verwirrt.

Carl August.

Verwirrt! ei ei, ein schönes Kind wie Du
Ist wohl gewöhnt, daß man es ansieht.

Georg (coquette).

O!
Das wohl. Ihr aber habt so schöne Augen
Und dann —

Carl August.

Und was?

Georg.
Durchlaucht, Ihr wißt wohl nicht,
Wie alle Mädchen für Euch schwärmen.
Carl August.
So?
Auch Du mein Kind?
Georg (seufzt und sieht ihn schmachtend an).
Ich sehe Euer Bild
Das in der Schwester Zimmer — nein bei mir
Ist aufgehängt oft Stunden lange an.
Carl August.
Gefällt es Dir?
Georg (verschämt).
O, Ihr seid schöner noch.
Carl August (für sich).
Sie ist entzückend.
Georg (für sich).
Wie verliebt er schaut.
Carl August.
Du schmeichelst, Ernestine, aber sprich,
Werd ich Dich wiedersehn, sag wann, sag wo,
Bestimm' die Zeit mir, einen Ort.
Georg (schamhaft).
O Herr.
(für sich)
Beim Himmel, er wird zärtlich.
Carl August.
Nun?
Georg.
Nein, nein,
Das schickt sich nicht, ein Rendezvous! nein nein.
Carl August.
So such ich in des Vaters Haus Dich auf.
Georg (für sich)
Herr Gott! das fehlte mir.
(laut)
Nein, Durchlaucht, nein,
Das dürft Ihr nicht.

Carl August.

Weßhalb?

Georg.

Mein Ruf — mein Name
(schmachtend)
Und meines Herzens Ruh.

Carl August.

(Georg die Hand küssend, wobei dieser über seinen Kopf hinweg
ein possierliches Gesicht macht)

Welch süßer Zauber
Liegt selbst in dem Verbote. — Liebst Du mich?

Georg.
(seufzt schmachtend)

Carl August.

Du schweigst — Du liebst mich, Ernestine, Du —

Vierter Auftritt.

Die Vorigen. **Merk** (aus der III. Coulisse links kommend, sieht sich einen Augenblick suchend um und tritt dann vor).

Merk (mit einer Verbeugung).

Durchlaucht!

Carl August (ärgerlich).

Was gibt's?

Merk.

Ich soll Euch melden.

Carl August.

Was?

Merk.

Daß Ihro Durchlaucht die Frau Herzogin
Euch am Buffet erwartet.

Carl August.

Danke Merk.
(leise zu Georg)
Ich muß Dich nochmals sprechen, später hier,
Versprichst Du mir, mich zu erwarten.

Georg (ebenso).

Ja.

(verbeugt sich tief, hinter seinem Fächer lachend)

Carl August.
(geht an dem sich verbeugenden Merk vorüber, nochmals rückwärts
winkend, durch die III. Coulisse links ab)

Fünfter Auftritt.

Merk. Georg.

Merk (für sich).
Da kam ich ungelegen.

Georg (für sich).
So jetzt gilt's,
Den Merk zu foppen und ich weiß genug
Durch Göthe, wie ich ihn tractiren muß.
(geht coquette vor, seinen Arm durch den Merks schiebend, welcher
dem Herzog folgen will und verblüfft aufsieht)
O bleib, mein Heinrich!

Merk.
Wie, Du kennst mich?

Georg.
Ja,
Trotz Deiner Maske kannt ich Dich sogleich.

Merk.
Trotz meiner Maske! nun, Du siehst doch wohl,
Daß ich gar keine Maske trage.

Georg.
Ei,
So ist die Nase echt?

Merk (lacht).
Fürwahr nicht übel,
Du packst mich an der schwächsten Seite.

Georg.
Nun,
Mich däucht, daß dies just Eure stärkste ist.

Merk (wie oben).
Es hat die Nase mich noch nie genirt,
Ich hab sie jetzt seit 35 Jahren.

Georg.
Das kann man glauben.

Merk.
Du bist nicht galant.
Georg.
Dann sind wir wohl am Ende gar verwandt?
Merk (für sich).
Die Maske ist piquante, das mag ich leiden.
(laut)
Verwandt! bist Du aus Darmstadt?
Georg.
Nein.
Merk.
Und doch
Willst Du mich kennen, das ist räthselhaft,
Denn gestern erst kam ich in Weimar an.
Hab ich Dich früher schon gesehen?
Georg.
Nein.
Merk.
Dann ist mir's unerklärlich. Doch im Grunde
Ist ja der Name Heinrich nicht so rare,
Du suchst vielleicht 'nen andern Heinrich hier?
Georg.
Dich sucht ich, Johann Heinrich Merk.
Merk (erstaunt).
Der Teufel!
Georg.
Der Teufel, ja!
Merk.
Nun Maske, Du bist derb,
Doch das gefällt mir, das ist mein Geschmack.
Georg.
Ist dies ein Compliment?
Merk.
Ich mein es so.
(für sich)
Wie hübsch sie ist, ein reizend Abenteuer.

Georg.
(für sich)

Er wird schon warm.

Merk.
Komm, komm, Du mußt mit mir,
Ich laß Dich nicht mehr fort, mein schönes Kind,
Du bist 'ne Hexe, machst die Höll' mir heiß,
Doch Du gehörst zu mir, ich bin der Teufel,
Wen der in seinen Krallen hat, Du weißt,
Den läßt er nicht mehr aus, drum mußt Du mir
Jetzt beichten, wer Du bist.

Georg.
Ei Herr, seit wann
Nimmt man zum Beichtiger den Teufel an.

Merk.
Seit beichten überhaupt geboten ward.
Vertrau Dich ruhig dem Satan an, denn Du
Läßt selbst dem Teufel weder Rast noch Ruh.
(gehen sprechend nach dem Hintergrunde rechts ab)

Sechster Auftritt.

Göthe und **Carl August** im Gespräch aus der III. Coulisse links, hinter ihnen langsam **Amalie**, **Thusnelde**, **Bertuch**, **Cavaliere** und **Damen**.

Carl August.
Im Ernste, Heinzmann, es ist unverzeihlich,
Daß Ihr so neidisch seid mit Eurer Tochter.

Göthe.
Das nenn ich so zu sagen Vorsicht, Durchlaucht,
Denn sintemal und alldieweil die Mädchen
Man nie genugsam hüten kann und wird.

Carl August.
Doch nicht vor mir, dem Landesvater?

Göthe (hustet).
Hm!
So ist — um bei der Sach' zu bleiben, wohl
Das Beste, wenn man sie zu Hause läßt,

Und ich bedaure so zu sagen schon,
Daß heute ich sie mitgenommen, denn
Ich seh sie nicht.
Carl August.
Sie ist bei Merk geblieben.
Göthe.
Bei Kriegsrath Merk! Ah, das ist so zu sagen
Beruhigung mir, doch möcht ich gerne jetzt,
Wenn Euer Durchlaucht mir gestatten wollen,
Das Mädchen so zu sagen überwachen,
Denn sintemal und alldieweil sie wild,
Ja etwas knabenhaft, befürcht ich, ist.
Carl August.
Befürchtet nichts. Das Mädchen ist entzückend,
Nicht knabenhaft, nein, nur piquant und schön,
Doch wenn Ihr unruhig seid, so sucht sie auf.
Göthe.
Das thu' ich so zu sagen gerne, Durchlaucht.
(verbeugt sich, Carl August geht seiner Mutter entgegen)
(für sich)
Der gute Carl ist Feu'r und Flamme schon,
Doch Georg allzukeck, befürcht ich fast.
Der Spaß ist wundervoll, kein Mensch erkennt mich.
(ab durch die III. Coulisse rechts)
Amalie.
Es ist entsetzlich heiß in jenen Sälen,
Doch wo ist Merk?
Carl August.
Ich weiß es nicht, ich ließ
Ihn hier zurück bei Heinzmann's Tochter.
Amalie.
Ah!
Auch Du, Brutus! Das hätt ich nicht geglaubt.
Ich kann mir als galant den Merk nicht denken,
Die Spanierin hat ihn vielleicht entführt,
Mit ihren dunkeln Augen ihn verhext.
Carl August.
Für eine Hexe hielt ich sie wohl nicht,

Doch eine Zauberin, das mag sie sein.
Mit Feueraugen —

Amalie.
Ei mein Sohn, mich däucht
Es fehlt auch Dir an Feuer nicht, doch sieh,
Da kommt ja Merk, und zwar allein. Es scheint
Die Zauberin ist ihm abhand gekommen.

Siebenter Auftritt.
Die Vorigen. **Merk** (aus der III. Coulisse rechts).

Amalie (zu Merk).
Nun Merk, wo habt Ihr Eure Dame, sagt,
Die schöne Spanierin, gelassen?

Merk.
Bah,
Sie wurd mir weggekapert von dem Vater.
Ein reizend Ding, voll Witz und muntrer Laune,
Sie hat mir alles mögliche gesagt,
Was, da ich fremd bin, mir ein Räthsel ist.

Amalie.
Ist sie piquant?

Merk.
Unendlich, beinah grob.

Carl August.
Das fand ich nicht.

Merk.
Ich glaub es wohl, Durchlaucht,
Mich aber schützte keine Herzogskrone,
Mit mir ist sie erbärmlich umgegangen,
Das eben lieb ich.

Amalie.
Will mir's merken, Merk.

Achter Auftritt.
Die Vorigen. Herzogin **Luise** mit Gefolge in Hoftracht, ohne Masken, kommen von links aus dem Hintergrunde vor.

Amalie.
Doch sieh nur Carl, da kömmt Luise, wahrlich

Es freut mich herzlich, daß sie sich entschlossen,
(geht Luisen entgegen, welche die sich verbeugende, rechts und links
Spalier machende Menge herablassend grüßt)
Nun erst Luise ist das Fest vollkommen,
Da Ihr uns Eure Gegenwart vergönnt.
Luise (mit einer Verbeugung).
Ihr habt gewünscht, Durchlaucht, und Euer Wunsch
Ist mir Befehl.
Carl August
(Luisen die Hand küssend).
Gestattet, daß auch ich
Der Freude Ausdruck gebe, Euch zu seh'n,
Da Ihr so selten uns die Freude gönnt.
Luise.
Ihr wißt, Durchlaucht, an meines Vaters Hofe
Kennt diesen Genre der Bälle man noch nicht;
So muß ich's erst gewöhnen.
Amalie.
Ah! Ihr meint,
Weil alle Stände hier vertreten sind.
Ich lieb's, zuweilen meine guten Bürger
Um mich zu seh'n, sie sind so sehr vergnügt.
Man sieht ein frisch Gesicht und die Toiletten
(lächelt)
Beschämen uns vom Hofe oft an Pracht.
Seht Euch zum Beispiel diese Ritter an,
Die kostbaren Gewande, diese Waffen.
Es sind — ich möchte beinah wetten — Schneider,
Die wählen sich zumeist nur Ritterkleider.
Luise.
Weil jeder mehr will scheinen als er ist,
Zumal der Bürger überhebt sich gerne. —
Wer ist die Dame dort, im Sammtgewande,
Mit Perlen aufgeputzt.
Amalie.
Ich weiß es nicht.
Thusnelde Du bist ja bewandert, sprich,
Thusnelde.
Das ist des reichen Brauer Dorings Frau,
Die, wie sie sagt, das Gold in Scheffeln mißt.

4

Neunter Auftritt.

Die Vorigen. **Göthe** Georg am Arm, aus dem Hintergrunde rechts.

Luise.
So hängt sie's wohl auch scheffelweis sich an,
Und diese Spanierin, am Arm des Alten,
Wer mag es sein? ein elegant Costume.

Thusnelde.
Das ist des Bürgermeisters Tochter.

Luise.
                                    Ah!
Ihr kennt, so scheint es fast, die ganze Welt.

Thusnelde.
Durchlaucht ich schmeichle mir die Welt zu kennen.

Amalie.
Ja ja, Thusnelde weiß so ziemlich alles,
Und nun erlaubt, daß ich des Göthe Freund,
Den Kriegsrath Merk, Euch präsentiren darf.

Merk (verbeugt sich tief).

Luise.
Und ist an Ludwigs Hofe es nicht Sitte,
Sich bei der Herzogin zuerst zu melden?

Carl August.
Das wollte Merk, ich kann es ihm bezeugen.

Merk.
Durchlaucht, ich kam erst gestern an.

Carl August.
                               So ist's.
Er wollte nicht auf die Redoute geh'n,
Weil er bei Hof noch nicht gemeldet sei,
Ich dispensirte ihn.

Merk.
                Und darf ich hoffen,
Daß Euer Durchlaucht mir Audienz gewähren?

Luise.
Ich werd' die Stunde Euch bestimmen lassen.

Merk (verbeugt sich).

Amalie.

Und nun, Luise, seht Euch um, ich hoffe,
Mit meinen Bällen heut Euch zu versöhnen.
Ich wünsche, daß der Bürger, der doch stets
Mit uns die Sorgen theilen muß und Lasten
Zuweilen auch unser Vergnügen theilt.
Ich finde das nicht mehr als recht und billig.
Man muß so exclusive nicht sein.

Luise.

         Durchlaucht,
Ihr habt wohl Recht, ich seh es ein, indeß
Ich bin es nicht gewöhnt und liebe nur
Mit Leuten meines Standes zu verkehren.

Amalie (lächelnd).

Ei ei, Luise, das ist allzukleinlich
Und allzuscharf gedacht, mein Kind, bedenkt,
Gäb's nichts als Adel — wär man zu beschränkt;
Verkehrt Ihr nur mit Leuten Eures Standes,
  (lächelnd auf Carl August und sich deutend)
Dann habt Ihr zwei im ganzen Raum des Landes.
Doch kommt, in jenen Sälen wird getanzt,
Sie führen meist eine Quadrille auf,
Die müßt Ihr Euch besehen.
    (zu Merk)
         Euern Arm.

Carl August
  (Luisen den Arm reichend).

Darf ich Euch bitten. Es ist äußerst gütig,
Daß meiner Mutter Ihr die Freude macht,
Sie hält so viel auf diese Bälle.
    (folgen der Herzogin Amalie)
(im Vorbeigehen zu Georg, welcher neben Göthe im Vorder=
    grunde rechts steht, leise)
           Hier.

Georg (verbeugt sich).
(Der Hof nebst Gefolge langsam durch den Hintergrund rechts
   ab, alles strömt nach)
    (halblaut)
'S ist wunderbar, habt Ihr gesehen?

Göthe.
Still, So schrei' doch nicht so laut, Du kecker Bursche.
Georg
(sieht sich um, bis die Scene nach vorn geleert, dann knabenmäßig lebhaft)
Das ist ein Spaß, ein wundervoller Spaß!
Herr Göthe, Dank für den vergnügten Abend.
Ich habe mich halb todt gelacht. O Gott,
Ihr hättet sehen sollen wie so zart,
So schmachtend ich gesprochen, wie der Herzog
Mich angeschaut, wie ein verliebter Kater,
(lacht unbändig)
Sogar der Brummbär Merk ist zahm geworden,
Habt Ihr des Herzogs Blick geseh'n soeben,
Das war ein regelrechter Liebesblick
Der tief in meine Mädchenseele drang.
(lacht)
Göthe
(lacht gleichfalls).
Ich sah den Blick, Du machst die Sache gut,
Ja fast zu gut, denn keine Rolle hatt' ich
Dir zugedacht und nur geglaubt, mir selbst
Mehr väterliche Würde zu verleihen
Wenn ich mit einer Tochter hier erscheine.
Georg.
Wie geht es Euch?
Göthe.
Sie kennen all' mich nicht.
Und schwören drauf, daß ich der Bürgermeister,
Der Spaß ist unbezahlbar schön, doch still,
Der Herzog kömmt, ich ziehe mich zurück.
(geht etwas seitwärts in die II. Coulisse links, an welcher Georg steht)

Zehnter Auftritt.

(**Carl August** hastig aus der II. Coulisse rechts, suchend und dann auf **Georg** zueilend, welcher affectirt schüchtern nach dem Herzog sieht.)

Carl August.
Es folgt der Hof mir auf dem Fuß. Ich habe

Nur wenig Augenblicke, holdes Mädchen,
Laß mich sie nützen, sag mir rasch, ich bitte,
Wann ich Dich wiedersehen darf und wo?
Sag, Ernestine, sag, die Zeit verrinnt.
                    (umfaßt Georg stürmisch)
                    Georg.
O, Durchlaucht, laßt mich, 's ist nicht recht von Euch,
Ihr dürft mich nimmer wiedersehen, nie.
                    Carl August.
Dich nie mehr wiedersehen, Ernestine,
So grausam kannst Du sein, o dann verbirg
Auch diese dunkeln Augen, die so glänzend,
So sinnbestrickend mir entgegenstrahlen.
                    (stürmisch)
Ich muß Dich widersehen und ich will
Die Rosenlippen küßen.
            (küßt Georg, der leicht widerstrebt)

Elfter Auftritt.

Die Vorigen. **Luise, Amalie,** etwas nach ihnen **Merk, Bertuch, Thusnelde,** Gefolge aus der II. Coulisse rechts.
                    Luise.
                        Das ist stark!
            (zu Amalie welche erstarrt steht)
Durchlaucht'ge Mutter, Ihr habt Recht, wir sahen
Auf diesem Balle viel, ja mehr als wir
Zu sehen uns erwartet.
(zu Carl August, welcher bei ihrem Eintritt Georg erschrocken
                    freigegeben)
                        Darf ich bitten,
Daß Euer Durchlaucht mich zum Wagen führen.
                    Carl August
            (Luisen den Arm reichend, verlegen, leise).
Luise sei nicht böse, 's war ein Scherz.
                    Luise.
O bitte, laßt es gut sein.
(geht mit einem zornsprühenden Blick nach Georg an Carl
    Augusts Arm nach der III. Coulisse links)

Amalie.
(an Merks Arm im Vorbeigehen zu Georg)
                              Schamlos Weib,
Verführst den Höchsten Du mit Deinen Reizen,
Den Ersten dieses Landes. Pfui der Schande!
(zu Göthe, welcher, als der Hof gekommen, neben Georg getreten)
Ihr solltet Eure Tochter besser zieh'n
Ihr seid ein alter Narr und bleibt es auch.
(Alle, der ganze Hof mit Gefolge durch die III. Coulisse links
ab. Georg hält den Fächer vor und das Taschentuch zwischen
die Zähne, bis sich die Scene geleert, dann sinkt er lachend in
einen Fauteuil links)

Göthe (lacht unsinnig).
O Gott, so hab' ich niemals noch gelacht,
Du, Georg, Du verführst mit Deinen Reizen
Den Ersten dieses Land's.

Georg.
                              Ich bin des Todes.

Göthe.
Ich hätt' Dich besser ziehen sollen. Wahr.
(lacht)

Georg.
Er küßte mich — auf meine Rosenlippen.
(lacht unsinnig)

Göthe.
Ein Glück, daß ihn Dein Bart nicht stach.

Georg.
                                        Je nun
Was das betrifft, 's hätt' mich verrathen können.

Göthe.
Wärst Du nicht so zu sagen ohne Bart.
Doch komm, wir wollen geh'n, es ist schon spät
Und junge Mädchen sollen bald zu Bette.
(lacht)
Ich muß doch meine Tochter besser zieh'n.
(lacht)

Georg.
Das war ein Abend, den vergeß ich nie.
(Göthes Arm nehmend, seine Kleider ungeschickt zusammenfassend und große Schritte machend)
Er küßte mich auf meine Rosenlippen.
(Beide lachend nach links)

Vorhang fällt.

Dritter Akt.

Zimmer im Schlosse zu Tiefurth. Rechts ein Canapee mit Tisch davor, auf welchem Bücher liegen. Neben dem Canapee rechts ein Fauteuil, neben dem Kanapee links in einem Halbkreis fünf Stühle. Im Hintergrund eine gedeckte Tafel.

Erster Auftritt.

Merk, Bertuch, Görtz, stehen sprechend.

Bertuch (zu Görtz).
Herr Graf, Ihr seht ja heute ganz verklärt,
Ist Euch was Angenehm's gescheh'n?

Eduard.
         Ich denke,
Ich habe mich verlobt.

Bertuch.
       Verlobt! und wann?

Eduard.
Erst heute Morgen.

Bertuch.
      Ah! ich gratuliere.

Merk.
Auch ich Herr Graf, obgleich ich stets der Meinung,
Man sollte mit dem Glückwunsch immer warten,
Zwei Jahre wenigstens.

Eduard.
  Weßhalb?

Merk.
        Je nun,
Weil oft nach Jahren sich das Blättchen wendet.

Eduard.
Ihr kennt das Mädchen nicht, das ich gefreit,
Sonst würdet Ihr mein Glück wohl nicht bezweifeln.
Bertuch.
Und darf man fragen, wer die Dame ist?
Eduard.
Des Bürgermeisters Tochter, Ernestine.
Merk.
Des Bürgermeisters Tochter! Ah Herr Graf
Nun gratulir ich gern', Ihr seid zu neiden.
Bertuch.
Nehmt Euch in Acht, Herr Graf, sie wird Euch meistern.
Eduard (befremdet zu Merk).
Was soll das heißen, kennt Ihr meine Braut?
Merk.
Sie hat mir gestern tüchtig mitgespielt.
Bertuch.
Und auch dem Herzog, fürcht ich. Graf, das ist
Ein kleiner Satan.
Eduard.
         Ich versteh Euch nicht,
Wo wollt Ihr meine Braut gesehen haben?
Merk.
Auf der Redoute.
Eduard.
Wo?
Bertuch (nach der Thüre zeigend).
         Die Herzogin!
(Alle verbeugen sich.)

Zweiter Auftritt.

Die Vorigen. **Amalie, Carl August, Thusnelde,** aus der Thüre rechts.

Amalie.
Da seid Ihr ja schon Alle, bis auf Göthe.
Er läßt sich stets erwarten. Sieh, Graf Görtz!

Eduard.
Durchlaucht erlaubt, daß ich Euch heißen Dank
Für Eure Güte sage.
Amalie (zu Görtz leise).
Dankt mir nicht.
Ich würde heut den Dienst Euch nicht erweisen —
Wenn überhaupt ein Dienst Euch ist erwiesen
Durch eine Fürsprach bei dem Bürgermeister —
Ich hoff, Ihr seid noch nicht gebunden, Görtz?
Eduard (bestürzt).
Durchlaucht, ich bin's und schätz' mich glücklich.
Amalie.
Gut,
Dann will ich weiter nichts Euch sagen, als
Lehrt Eure künft'ge Frau was Sitte ist.
Eduard.
Durchlaucht, ich bin bestürzt, was soll das heißen?
Amalie.
Nichts weiter mehr darüber heute, bitte.
(Eduard verbeugt sich, die Zähne in die Lippen pressend)
Ich denk', wir nehmen Platz,
(zu Carl August)
Und bist Du sicher
Daß Göthe kömmt?
(Alle setzen sich, Amalie auf das Canapee, ihr zur Rechten
in einen Fauteuil Carl August, ihr zur Linken Thusnelde, neben
dieser später Göthe, dann Merk, Bertuch, Eduard.)
Carl August.
Gewiß. Ich bitte Merk,
Nicht diesen Stuhl, denn der ist abonnirt,
Das ist des Göthe Platz. Da ist er schon.

Dritter Auftritt.

Die Vorigen. Göthe unter der Mittelthüre.

Göthe.
Ja wohl, da ist er schon, der große Göthe,
In seiner ganzen Glorie.

Carl August.
Bravo Bär,
Das ist der alte frische Ton.
Amalie (Göthe die Hand reichend, die dieser küßt).
Willkommen
Ihr habt uns Angst gemacht.
Göthe
(geht hinter dem Tisch herum, Carl August die Hand schüttelnd).
Das thut mir leid.
Thusnelde.
Und seid Ihr ganz genesen?
Göthe.
(die Andern grüßend, setzt sich neben Thusnelde)
Ganz und gar,
Ich fühle wohler mich als je.
(Merk auf die Achsel klopfend)
Und Du,
Du alter Brummbär?
Merk.
Mir ist niemals wohl,
So ist mir denn so wohl wie jeder Zeit.
Bertuch.
Könnt Ihr auch wieder schlafen?
Göthe.
Wie ein Bär,
Ich schlief die ganze Nacht.
Merk.
Wohl auch den Tag,
Denn zwei Mal gieng ich hin nach Dir zu seh'n,
Doch fand ich keinen Einlaß.
Göthe.
Thut mir leid.
Bertuch.
So treibt er's oft.
Amalie.
Und das gewiß mit Recht,
Denn Geistesarbeit fordert Einsamkeit.

Merk.
So denkt Ihr Durchlaucht, Göthe schreibe?
Amalie.
Was sonst? Ja,
Merk.
Was ihm zum Ruhme nicht gereicht.
Carl August.
Oho, Herr Kriegsrath, und was wäre das?
Göthe (belustigt).
Es muß was Schlimmes sein, ich kenne ihn
Und sinn vergeblich, welche Unthat er,
Die ich vollbracht an's Tageslicht wird zieh'n,
Seid milde Richter, wenn ich bitten darf,
Nun sprich, Freund Merk, was thu' ich denn so Schlimmes?
Merk.
Was nimmer Dir verziehen wird von Gott,
Noch von den Menschen.
Thusnelde
(rückt lachend von Göthe weg).
Hu! mich faßt Entsetzen.
Carl August.
So rückt doch endlich mit der Farb' heraus.
Amalie.
Was thut der Bösewicht?
Merk
(mit komischem Entsetzen).
Er malt!
(Alle lachen, nur Görtz sitzt in sich gekehrt und finster)
Amalie.
Er malt!
Ich dachte schon er morde, oder raube.
Merk.
Das thut er auch.
Göthe (lachend).
Was sagst Du da, ich raube.

Merk.
Das sag' ich, ja 's ist an der Menschheit Raub,
Wenn solch ein Geist, statt seine Zeit zu nützen,
Die herrlichen Gebilde unsres Schöpfers
So jammervoll verpfuscht.
Göthe.
     Mich dünkt denn doch,
Du trägst mit allzudicken Farben auf.
Merk.
Nicht halb so dick als Dein Geklekse ist.
Bertuch.
Verzeiht, Herr Kriegsrath, wenn ich widerspreche,
Doch was ich noch von Göthes Bildern sah,
Gefiel mir wohl.
Merk.
   Das thut mir leid für Euch.
Bertuch.
Ihr könnt nicht läugnen, daß des Göthe Bilder
Für einen Dilettanten lobenswerth.
Merk (eifrig).
Ihr sprecht es aus „für einen Dilettanten"!
Oh Gott, beschütze uns vor Dilettanten,
Das sind die wahren Mörder alles Großen.
Wie haben sie die edle Musica
Schon maltraitirt, des Kenners Ohr zerrissen,
Wie haben sie die göttliche Natur
So fratzenhaft, abscheulich conterfeit.
Was jedes Menschen-Auge nur für Kohl,
Für irgend welches grün Gemüse hält,
Heißt Landschaftsmalerei bei Dilettanten.
    (Alle lachen)
Und kann es einem Göthe denn genügen
Ein stümperhafter Dilettant zu sein.
    (zu Göthe)
Glaub' mir, ich mein es gut, und ich versteh's,
Als Maler wirst Du nimmermehr berühmt.
Des Göthe beste, stärkste Kraft ist hier.
    (deutet auf die Stirne)

Göthe.
Gleichwie bei andern Ochsen auch, indeß
Ich passe nicht in jedes Joch. Sag' selbst
Liegt Malerei dem Dichter denn so ferne,
Muß er nicht auch in bunte Farben tauchen,
Muß dunkle Schatten hier, dort Licht gebrauchen.

Merk.
So laß ich's gelten, male mit der Feder,
Wirf Deinen Pinsel weg, ich rath' es Dir,
Denn thust Du's nicht, so bist Du selbst ein Pinsel.

Carl August.
Das nenn ich derb.
(zu Göthe)
Laß es Dir nicht gefallen,
Brumm ihm was auf, er hat es wohl verdient.

Göthe
(mit Humor zu Merk).
Was thut ein Pinsel, guter Mann,
Ein Pinsel schmiert die Leute an,
Drum kann ich wohl kein Pinsel sein,
Ich seifte nie die Leute ein,
Ich bin kein Kriegszahlmeisterlein.

Amalie (lachend).
Da habt Ihr's nun, Herr Kriegsrath, gebt Euch drein.

Merk.
Er ist ein unverbesserlicher Mensch.

Thusnelde.
Und Ihr ein allzustrenger Kritiker.

Merk.
Der stete Weihrauch, den man hier ihm spendet,
Steigt ihm zu Kopfe und verweichlicht ihn.

Amalie.
Beruhigt Euch, Göthes Kopf ist nicht so schwach,
Sein starker Geist wird nicht so leicht umnebelt,
Ihr aber sollt mir heut' den Freund nicht ärgern,
Er war Patient, drum schont ihn.

Göthe (spöttisch).

Bitte ja.

Thusnelde (zu Göthe).

Ihr habt Euch rasch erholt, 's ist ewig Schade,
Daß Ihr auf der Redoute fehltet, denn
Ihr wurdet sehr vermißt von allen.

Göthe.

Gräfin,
Das sagt Ihr nur, um boshaft das Bedauern,
Das ich, als armer Exilirter, fühlte,
Noch zu erhöhen.

Amalie.

Nein gewiß, 's ist wahr,
Ihr habt uns sehr gefehlt.

Göthe (verbeugt sich).

Sehr schmeichelhaft,
Doch hab ich selbst am meisten wohl verloren,
Und so erbarmt Euch meiner und erzählt,
Ob's viele Masken gab und schöne. Nun,
Wie hat es Dir gefallen, Merk?

Merk.

Sehr gut.
So viel ich auch gehört von diesen Festen,
Ich fand noch die Erwartung übertroffen,
Doch ganz besonders amusirte mich
Ein kleiner Satan, der mich boshaft neckte.

Carl August.

Ein Satan sagt Ihr, Merk, ich sag ein Engel.

Merk.

Nun denn, ein engelhafter Satan, sei's.

Bertuch.

So seid auch Ihr in jener Circe Fesseln?

Göthe.

Was hör ich, „Circe! Fesseln!" Ei, erklärt
Mir doch, wer diese Circe ist, ich bitte.

Thusnelde.

Des Bürgermeisters Tochter Ernestine.

Eduard
(welcher plötzlich aufmerksam zuhört).
Unmöglich, Gräfin, glaubt es mir, unmöglich.
Amalie.
Mein lieber Görtz, es thut mir leid zu sehen,
Daß Ihr, so wie ich mir gedacht, nichts wußtet.
Eduard.
Durchlaucht, es muß ein Irrthum sein, gewiß.
Carl August.
Mein lieber Görtz, wie könnt Ihr streiten wollen,
Wir kennen alle doch den Bürgermeister,
Wir haben alle ihn gesprochen.
Göthe.
Ah!
So war der alte Heinzmann dort?
Amalie (lachend).
Gewiß,
Da sonst das Fest um seine Weihe käme,
So meinte er.
Carl August.
Er ist originell.
Göthe.
Als was erschien er denn?
Bertuch.
Als span'scher Don,
Das war seiner Grandezza angemessen.
Carl August.
So passend wie für seine schöne Tochter
Das spanische Costume, sie war entzückend.
Eduard.
Durchlaucht, verzeiht, wenn ich Euch widerstreite,
Der Bürgermeister nicht, noch seine Tochter,
War auf dem Ball, da ich bei ihm gewesen.
Carl August.
Und was beweist das, geht man denn so bald
Auf die Redoute, wißt Ihr denn, ob nicht
Der kleine Kobold ging, nachdem Ihr fort.

Eduard (für sich).
Und sollt ich deßhalb nicht auf die Redoute,
Es wär entsetzlich, wenn es Wahrheit wär.
Göthe.
Des Bürgermeisters Tochter ist recht hübsch.
Carl August.
Recht hübsch! sie ist ein wahrer Engel.
Eduard.
Durchlaucht,
Sie war nicht dort, Ihr irrt Euch.
Carl August.
Das ist stark,
Ihr streitet, was Ihr doch nicht wissen könnt,
Wenn anders Ihr als Geist nicht dort gewesen
Und geisterhaft genug seht Ihr jetzt aus.
(die Herzogin blättert schweigend in einem Buch)
Eduard.
Es ist unmöglich.
Bertuch (leise zu Eduard).
Laßt Euch rathen, schweigt,
Denn Ihre Durchlaucht ist verstimmt. Das Mädchen
Gieng wohl in tollem Uebermuth zu weit.
Es war ein Scherz, nichts weiter, glaubt Görtz, jedoch
Die Herzogin Luise kam dazu
Als Herzog Carl die Kleine embrassirte,
Ein Maskenscherz.
Eduard (auffahrend).
Genug.
(gepreßt)
Durchlaucht, verzeiht.
Woll't gnädig mich entlassen, denn ich fühle
So unwohl mich.
Amalie.
Ja, Ihr seht blaß, Graf Görtz,
Thut keinen Zwang Euch an, Ihr scheint zu leiden,
Gehabt Euch wohl.
Eduard.
(verbeugt sich vor den Anwesenden und geht durch die Mittel-
thüre ab)

5

Dritter Auftritt.

Die Vorigen ohne Eduard.

Göthe.
Was fehlt dem Grafen?

Amalie.
Nichts,
Nichts von Bedeutung, hoff' ich. Doch ich denke
Wir wollen jetzt beginnen, Sucht was aus.
(reicht Göthe ein Buch, in welchem dieser blättert)
Göthe (das Buch besehend).
Ein Musenalmanach! „Die Blumenlese!"
Es werden Disteln auch darunter sein.

Carl August.
Laß die Präludien, Bär, und fange an.

Göthe.
Wollt Ihr von Pfeffel hören?

Amalie.
Gerne.

Carl August.
Ja.

Göthe (liest).
Wie heißt das sechste der Gebote?
So fragte jüngst beim Kirchen-Unterricht
Ignaz, der finstre Dorf-Zelote,
Ein kleines artiges Gesicht.
Die Antwort war; „Ihr sollt nicht ehebrechen",
Ei, rief Ignaz, wer wird so albern sprechen,
Es heißt: „Du sollst nicht ehebrechen".
Die arme kleine Nymphe warf
Die Augen auf den Katecheten;
„Ich wußte nicht — versetzt sie mit Erröthen —
Daß man den Pfarrer dutzen darf.
(Alle lachen)

Amalie.
Unendlich witzig.

Bertuch.
Pfeffel ist ein Meister.

Thusnelde.
In seinen Fabeln liegt ein eigner Reiz.
Carl August.
Ob wohl der Pfaffe auch erröthet?
Göthe.
Hm.
Es steht nicht hier, doch möcht ich's stark bezweifeln,
Erröthen ist nicht Sitte bei den Teufeln.
Carl August (lacht).
Heut theilt er wieder derbe Hiebe aus,
Es ist, als hätte Satan ihn am Schopfe.
Merk.
Stopft ihm das lose Maul und laßt ihn lesen.
Amalie.
(nimmt ein Buch vom Tische, darin blätternd)
Das soll er auch, doch will ich sorglich wählen,
Zum Ernste wird ihn dann der Ernst schon zwingen.
Da lest, doch Göthe, hütet Euch vor Schwänken.
(gibt Thusnelde das aufgeschlagene Buch, das Erste dagegen
nehmend)
Göthe.
Wie könnt Ihr, Durchlaucht, anders von mir denken?
Sieh sieh, des Bürgers Leonore.
Alle.
Ah!
Göthe.
(liest mit Ausdruck, alle hören gespannt zu)
Leonore fuhr um's Morgenroth,
Empor aus düstern Träumen,
Bist untreu, Wilhelm, oder todt,
Wie lange willst Du säumen?
Er war mit König Friedrichs Macht,
Gezogen in die Prager Schlacht,
Und hatte nicht geschrieben,
Ob er getreu geblieben.
mit gleichem Ernste lesend, während sich die andern betroffen
ansehen)

Der Herzog und die Herzogin
Des langen Haders müde,
Erweichten ihren harten Sinn
Und machten endlich Friede,
Denn jeder sah ganz sonnenklar,
Daß jeder schon gefehlet,
Er, weil er oft nicht höflich war,
Sie, weil sie ihn gequälet.
(Merk rückt unruhig auf seinem Stuhl, die Andern lachen leise.
Göthe liest ruhig weiter)
Und überall, allüberall,
In Tiefurth, Belvedere,
Gibt's Schlittenfahrt und Maskenball
Dem hohen Paar zur Ehre.
Der Wieland kömmt als Oberon
Mit Stock und mit Perrücke,
Und Darmstadt's Apotheker-Sohn
Erscheint als gift'ge Mücke.
(Merk will aufspringen. Bertuch drückt ihn lachend auf den
Stuhl nieder. Göthe liest ruhig weiter)
Er fragt den Göthe Wort für Wort
Nach seinem Thun und Treiben
Und summt und brummt in einem fort,
Wie's halt die Mücken treiben.
Und als er hört die Mähr, o Graus,
Daß Göthe Maler werde,
Da reißt er sich die Flügel aus,
Mit wüthiger Geberde.

Amalie
(die Thränen trocknend, unter Lachen)
Genug, genug Ihr seht ja, ich ersticke.

Carl August (ebenso).
Ihr habt ihn doch zum Ernst gezwungen, Mutter.

Göthe
(liest ruhig weiter).
O Heinrich, Heinrich, bester Freund,
Verloren ist verloren,
Es ist nicht jeder, was er scheint,
Drum laß mich ungeschoren.
(Schallendes Gelächter. Göthe aufstehend, schlägt Merk mit dem
Buch auf die Schulter)

Geh hin mein Sohn und schäme Dich
Und höre meine Rede,
Gar viel vermag ein Mann wie ich,
Ein Mann wie Wolfgang Göthe.
(Alle applaudiren.)
Carl August
(aufspringend, drückt Göthe die Hand).
Du bist ein Gott und jeder muß Dich lieben,
Das nenn ich Geist und göttlichen Humor.
Merk (brummend).
Der helle Unsinn ist's, verketzert da
Des Bürger's schön Gedicht, 's ist eine Sünde!
Nicht ein vernünftig Wort vermag man doch
Mit diesem tollen Menschen hier zu reden.
Göthe.
Ist Deine Schuld, soll ich sie etwa tragen?
Versuche Du was Kluges mich zu fragen.
(neues Lachen).
Bertuch.
Macht Euch gefaßt, heut spricht er nur in Reimen.
Merk.
Und dennoch lauter ungereimtes Zeug.
Amalie.
Wie trocken aber er das alles sagt.
Göthe.
Frau Herzogin, wie könnt es anders sein,
Die Trockenheit verschwindet mit dem Wein.
Amalie
(lacht und klingelt. Alle erheben sich. Diener tragen die gedeckte
Tafel in den Vordergrund, stellen Stühle und entfernen sich wieder).
Ihr seid ein Schalk, doch ich versteh den Wink,
Ihr Männer seid ein gar zu durstig Volk.
Göthe.
Das Factum läßt sich allsogleich erklären,
Es hat die Frau nur einen Durst allein,
Indeß der Mann! bald dürstet er nach Ehren,
Nach Wissenschaften dieser, der nach Wein,

Der dürstet nur nach Blut und wilder Rache,
Der nur nach Cognac, jener nur nach Rum,
Der Durst jedoch ist eine alte Sache,
Und ihn nicht löschen, wäre allzudumm.

Merk.

So Göthe das nicht sagte, das Genie,
Man versucht, es herzlich dumm zu nennen.

Göthe.

Nicht Unrecht hat er, aber seht,
Wie's nun einmal im Leben geht,
Wer schon für klug den Namen hat,
Der darf getrost was dummes sagen,
Die Menge wird an seiner Statt,
Gewiß nach einem Sinne jagen.

Merk.

Das ist auch nöthig bei gar vielen Dingen.

Amalie.

Gebt Euch zufrieden, Merk, und kommt zu Tische.
(nimmt Merks Arm)
Mit Göthe werdet Ihr denn doch nicht fertig.

Carl August
(Göthe seinen Arm bietend).

Sei meine Dame, Göthe.

Göthe
(Carl's Arm nehmend).
                            Mit Vergnügen.
Nur fürcht ich, fehlt mir ganz der Frauen Art,
Ich bin ätherisch nicht, bei Tisch, noch zart.

Bertuch führt **Thusnelde.**
(Alle setzen sich)

Göthe. Carl August. Amalie. Merk. Thusnelde. Bertuch.
(Alle serviren sich selbst)

Göthe
(nach einer Platte langend).

Der Mensch ist schwach und sei er noch so weise,
So fühlt er Hunger, und bedarf der Speise.

Merk
(behaglich seine Serviette entfaltend).
Das ist wohl wahr, es hat mich oft geärgert,
Daß die Maschine, die man Körper nennt,
So viele Pflege braucht, um zu erhalten
Das bischen Geist, das in dem Körper steckt.
Amalie
(lachend Merk eine Platte bietend).
So pflegt denn die Maschine, Merk, und nehmt,
Philosophirt ein ander Mal, ich bitte.
Merk
(sich befremdet umsehend und bedienend).
Ihr seid zu gütig, Durchlaucht, Euch zu müh'n.
Amalie.
Ihr wundert Euch, ich seh's an Euren Blicken,
Daß jeder sich allein bedienen muß.
Merk.
Bewundrung ist es und zugleich Entzücken,
Daß man so ungeniert sich hier bewegt;
Es schnürt mir ordentlich die Kehle zu,
Wenn solch betreßter Schlingel hinter mir.
Göthe.
In diesem Zustand sah ich Dich noch nie.
Merk.
Wie meinst Du das?
Göthe.
     Mit zugeschnürter Kehle.
Zumal bei Tische fand ich jeder Zeit,
Daß Deine Kehle groß und ziemlich weit.
(Alle lachen)
Amalie.
Laßt Euch von seinen Reden nicht beirren,
Und wenn's Euch mundet, langt, ich bitte, zu.
Merk
(sich bedienend und essend).
Mir sitzt das Ehrgefühl nicht in der Kehle,
Drum bin ich nicht beleidigt, noch genirt.

Carl August.
Ihr habt die rechte Art den Scherz zu nehmen
Und schlagt ihn so am besten. Seht, er schweigt.
Göthe (essend).
Ganz excellent! es schmeckt superbe. Ich gönne
Dem Freunde jetzt das Wort und mir
(zu Bertuch)
die Henne.
Bertuch
(Göthe die Platte bringend).
Zu dienen, Göthe, aber 's ist ein Hahn.
Göthe.
Ei, sieh doch, sieh, wie man sich täuschen kann,
Gebt immer her, ich will es noch studieren.
Ein Hahn! ich meine doch Ihr müßt Euch irren,
's ist eine Henne, ist ein Frauenzimmer,
Seht nur den Kamm, den trägt ein Herr doch nimmer.
Merk.
Bist Du mit Deinem Studium jetzt zu Ende,
Dann gib, ich will entscheiden, was es ist.
Göthe.
Nein nein, Du bist ein Weiberfeind, ich weiß.
Merk.
Doch die gebratnen Damen lieb ich sehr.
(nach dem Weine langend, zu Amalie)
Falls dieser Wein zum Trinken aufgestellt?
Amalie.
Das ist er allerdings, ich bitte, nehmt.
Merk.
(schenkt erst Amalien ein, dann Thusnelden, dann sich selbst. Carl
August bedient Göthe, Thusnelde, Bertuch)
Es ist, wie Göthe sagt, der Mensch ist schwach,
Und sei er noch so weise, fühlt er Durst.
Göthe
(da Merk das Glas an die Lippen führen will)
Halt halt, Freund Merk, nur nicht so übereilt,
Bei uns ist alles anders eingetheilt.

Erst den Toast, willst Du ihn heute bringen?
(Merk verbeugt sich bejahend)
Dann noch ein Lied, das wir zusammen singen.
Merk
(aufstehend, ergreift sein Glas, schleppend).

Die feinsten Schüsseln seh' ich aufgetragen,
Es perlt im Glase purpurroth der Wein,
Doch bleibt des feinsten Mahles beste Würze,
Die Heiterkeit —
Göthe
(sich erhebend und rasch einfallend).

Und beim Toast die Kürze,
(Alle lachen)
(Merk setzt sich ruhig und ißt weiter)
Göthe
(sein Glas erhebend, stehend).

Ein Vivat Hoch der Fürstin hier,
Ein Vivat Hoch dem Fürsten,
Und nun, frisch auf, nun trinken wir,
Daß wir nicht länger dürsten.
(Alle stehen auf, stoßen an und setzen sich wieder)
Merk
(nachdem er sein Glas geleert, sich einschenkend).
Du machst infame Verse.
Göthe (übermüthig).
Mag wohl sein.
Was kümmert mich Hexameter,
Pendameter, Spondäus,
Ich bin, trotz Deiner Critica,
Doch immer Koriphäus.
Carl August.
Vortrefflich, Göthe, bleib ihm nur nichts schuldig.
Und nun ein Lied, wir singen den Refrain.
Göthe
(sich zurücklehnend, während Carl August seinen Arm um seine
Schulter legt, singt).

Mich ergreift, ich weiß nicht wie, himmlisches Behagen,
Will's mich etwa gar hinauf nach den Sternen tragen.

Doch ich bleibe lieber hier, kann ich redlich sagen,
Beim Gesang und Glase Wein auf den Tisch zu schlagen.

Alle, auch die **Damen**

(singen, auf den Tisch schlagend).

Doch ich bleibe lieber hier, kann ich redlich sagen —

Vierter Auftritt.

Die **Vorigen.** Herzogin **Luise.**

Luise

(erscheint unter der Thüre und bleibt erstarrt stehen).

Alle

(singen, auf den Tisch schlagend, ohne die Herzogin zu bemerken, weiter).

Beim Gesang und Glase Wein auf den Tisch zu schlagen.

Luise (für sich)

Das nennt man Lese=Abend.

Bertuch (erschrocken).

Ihre Durchlaucht!

(Alle erheben sich bestürzt)

Der Vorhang fällt rasch.

Vierter Akt.

Zimmer Göthes. Im Hintergrunde links eine Thür, eine Seitenthür und ein Fenster links, eine Seitenthür rechts. Rechts im Hintergrund eine Staffelei, worauf ein Bild steht, gleichfalls rechts ein Tisch, auf welchem Schreibereien, links ein Tisch mit Büchern, an den Wänden Bilder, Schmetterlinge, Bücher.

Erster Auftritt.

Göthe ungepudert, die Haare wallend, legere gekleidet. **Philipp** an dem Tische rechts sitzend, schreibend.

Göthe
(auf und ab gehend, diktirt).

Der Geist der Medicin ist leicht zu finden,
Es beut Natur Dir ihre Kraft,
Doch wirst Du schließlich bald ergründen,
Daß sie zerstört, was sie erschafft.

(sprechend)

Streich dieses durch, es will mir nicht gefallen,
Ich muß es anders setzen — warte — so:

(diktirt)

Der Geist der Medicin ist leicht zu fassen,
Ihr durchstudiert die kleine und die große Welt,
Um es am Ende geh'n zu lassen
Wie's Gott gefällt.

Zweiter Auftritt.

Die Vorigen. **Merk**.

Merk
(welcher unter der Mittelthüre gestanden, eintretend).

Ein frommer Spruch.

Göthe.
                    Ei sieh! Mephisto selbst.
Sei mir willkommen.
Merk.
    Stör' ich?
Göthe.
                    Keineswegs.
Merk.
Du warst just an der Arbeit, als ich kam,
So find' ich endlich Dich an Deinem Platz.
Was schreibst Du?
Göthe.
    Meinen Faust.
Merk.
                    Das laß ich gelten.
Und bist Du weit damit vorangerückt.
Göthe.
Ich feile eben noch am ersten Akt.
Merk.
Am ersten Akt! mein Gott, was treibst Du denn,
Du nahmst den Faust als Skizze schon hierher.
Göthe.
Ich war nicht müßig, manches schuf ich schon,
Und viel noch werd' ich schaffen.
Merk
        (Göthe parodirend, zornig).
                    Werd' ich schaffen.
Das alte Lied, „ich werde", aber wann?
Ich frag' Dich, Göthe, Mensch was fällt Dir ein,
Am Hofe hier zu schranzen und scharwenzeln,
Dich hudeln lassen, oder And're hudeln,
Das bleibt sich gleich. Weißt Du nichts Bess'res denn,
Als hier in Weimar einem Fürsten dienen?
Göthe.
Du stößt in's allgemeine Horn, sag' selbst,
Ist Herzog Carl denn ein Tyrann.

Merk.
                                        Das nicht.
Der Herzog ist ein respaktabler Mensch,
Ihn tadl' ich nicht, es ist ganz schön von ihm
Und klug, zum Freunde Dich zu wählen, denn
Im Grund empfängt er mehr als er Dir gibt,
Du aber opferst Dein Genie dem Hof.

Göthe.
Das ist nicht wahr, ich bin des Herzogs Freund,
Und was den Hof betrifft, glaub' mir, den Hof
Beherrsche ich, auch lern' ich manches hier,
In scheinbar hohlem Treiben, was mir nützt.
Und bald sollst Du vernehmen, daß ich auch
Auf dem theatro mundi mit agire.

Merk.
Gott steh mir bei! was Du nicht alles wirst.
Zuviel beginnst Du stets und meinst von je,
Du müssest alles können, und so geht
Die beste Zeit für's Beste Dir verloren.
Sag ehrlich doch, was schufst Du Nennenswerthes,
Seit Götz und Werther?

Göthe.
                        Nun, Clavigo, Stella,
Und sonst noch Kleinigkeiten.

Merk.
                            Ja. das ist's,
Du sprichst es aus. Was ist Clavigo? Nichts,
Ein Quark, das kann ein And'rer auch, und Stella
Ist Göthes Feder nimmer würdig. Ei,
Du predigst da die schönste Bigamie.

Göthe (lachend).
Nun, Bigamie ist doch so übel nicht.

Merk.
So straf mich Gott, 's ist eine fast zu viel,
Doch halt, da fällt mir bei, weßhalb ich kam.

Göthe.
Bei Bigamie! welch ein Ideengang!
Laß hören denn.

Merk.
Ich wollte Dich nur fragen,
Ob Du bei Bürgermeister Heinzmann mich
Introducieren willst.
Göthe
(sieht Merk an und lacht).
Bei Heinzmann, Dich!
Wozu? willst Du aus Ludwigs Diensten treten,
Ein Kaufmann werden und 'nen Kram beginnen,
Kennst Du den Heinzmann?
Merk.
Ja, vom Balle her.
Göthe.
Und hast an einmal nicht genug?
Merk.
Ah, Bah!
Um Heinzmann ist mir's nicht zu thun. Ich möchte,
Da Du's denn wissen willst, den kleinen Satan,
Das schöne Mädchen —
Göthe
(lacht unbändig).
Ernestine! Freund,
Die schlag Dir aus dem Kopfe, denn sie ist —
(lacht)
Merk.
Piquant und reizend.
Göthe
(wie oben).
Ah! Du bist verliebt.
Merk (ärgerlich).
Verliebt; was dummes Zeug, ich bin doch nicht
So sehr verliebter Complexion, jedoch
Die Damen sind sonst meist so zimperlich,
Indeß dies Mädchen — nun was gibt's zu lachen?
Göthe (wie oben).
Das Mädchen, deß bei Bigamie Du dachtest.
(Merk macht eine ärgerliche Bewegung)

Du bist gewissenlos, mein werther Freund,
Und dazu biet' ich nimmer meine Hand,
Bedenke Deine Frau!
           (lacht)
                    Zwar weiß ich wohl,
Auf Reisen seid Ihr Ehemänner ledig.
Den Ring verbergt Ihr weislich, das Gewissen,
Das drückt in dieser Richtung Euch nicht sehr,
Ich aber geb' mich nicht zum Kuppler her,
Die Tugend dieses Mädchens ist mir heilig.

Merk.
Du thust, als ob ich sie verführen wollte.

Göthe.
Und dann vergißt Du, scheint es, daß bei uns,
Die Bigamie verboten ist, mein Freund.

Merk.
So hör', ich wiederhole Dir, ich will,
Nicht weiter als, da ich mich ennuyire,
Zuweilen ein piquant Gespräch —

Göthe.
                                  Aha!
Da will ich Dich dem Wieland präsentiren,
Dem Herder, Bertuch, die sind recht piquant,
Und recht piquant läßt sich's mit ihnen plaudern.
Merk, laß Dir rathen, gib das Mädchen auf,
Wenn Du sie kenntest, wenn Du wüßtest —
           (lacht unsinnig)

Merk
(wüthend seinen Hut nehmend).
                                  Gut.
Ich weiß und seh, daß Du heut disponirt,
Auf Kosten Andrer Dich zu amüsiren;
Ich aber hab nicht Lust, noch Laune jetzt,
Die Zielscheib' Deiner Witze abzugeben.
Such' einen andern Narren Dir.
           (stürmt durch die Thüre im Hintergrund ab)

Dritter Auftritt.

Göthe
(lacht und ruft ihm nach).

            Wozu?
Ich wüßte keinen Größern aufzufinden,
's ist unbezahlbar! selbst der kühle Merk
Von Georgs Reizen — schamlos Weib — süperbe.
 (lacht, plötzlich ernst, erregt auf und ab gehend)
Was sagte er! ich hätte nichts geschaffen,
Clavigo nichts und Stella mein nicht werth.
Er soll es besser machen, wenn er kann,
Wär nur das besser machen nicht so schwer,
Dann gäb es sicher wenig Fehler mehr.
Doch was das Aergerlichste, er hat Recht.
Die Andern denkens nur, er aber sagt's
Und, daß er's sagt, macht mir ihn lieb und werth,
Er ist ein treuer, kluger Kamerad,
Die Werke weiß er gut zu kritisiren,
Den Dichter aber, den versteht er nicht.
          (zu Philipp)
Du magst nun geh'n, ich kann nicht weiter schreiben.
   (Philipp durch die Mittelthüre ab)

Vierter Auftritt.

Göthe, allein.

Göthe (auf und ab gehend).
Er meint, wie eben alle Leute meinen,
Es ließe sich so dichten, fort und fort,
Gleichwie der Schreiner= oder Schlossermeister,
Vom frühen Morgen bis zur späten Nacht.
Das Material, das wir zur Arbeit brauchen,
Liegt nicht, wie jenes, jeder Zeit bereit.
Oft haben wir in unserm Geiste schon
Das Riesenwerk vollendet, bis zur That.
Da schreckt die Prosa uns in unserm Schaffen,
Ein einzig Wort „die Suppe" und davon,
Verflogen ist die Lust — das Material.
Bah! er versteht es nicht, er ist kein Dichter.

Fünfter Auftritt.

Der Vorige. Carl August (den Kopf durch die Mittelthüre steckend).

Carl August.
Bist Du zu Hause?

Göthe.
Wie Du siehst.

Carl August.
Ich meine,
Ob man Dich stört?

Göthe.
Nein, nein, es hat mich Merk
Aus dem Concept gebracht.

Carl August.
Was wollte er?

Göthe (lachend).
O eine Kleinigkeit, ich solle ihn
Zu Ernestine Heinzmann führen.

Carl August (finster).
Wie!
Zu Ernestine Heinzmann!

Göthe.
Ja, er sagt,
Das Mädchen habe ihm gefallen.

Carl August (zornig).
Ah!
Der alte Geck, was hat er dort zu suchen?
Er sollt' sich schämen. Merk hat eine Frau.

Göthe
(räuspert sich bedeutungsvoll, lächelnd)

Carl August.
Ich weiß wohl, was Du sagen willst, jedoch
Es ist was anderes bei mir.

Göthe.
Weßhalb?

Carl August.
Ich bin um fünfzehn Jahre jünger.
Göthe.
                                        Wohl.
Jedoch —
            Carl August.
            Daß dieser Mensch sich nur erdreistet,
Bei einem Mädchen je sein Heil zu suchen
Mit dieser häßlichen Visage. —
            Göthe.
                                        Wahr.
Der arme Merk muß stets gewärtig sein
Mit langer Nase abzuzieh'n, doch sieh,
Was hast Du da? ist dieser Brief für mich?
            Carl August (verlegen).
Hm! nein. Du sollst ihn mir besorgen, Göthe.
            Göthe.
Recht gerne, gib!
(Carl August gibt schweigend den Brief, den Göthe betrachtet,
        plötzlich laut lachend)
                An Ernestine Heinzmann!
            Carl August (gereizt).
Erscheint Dir das besonders lächerlich?
            Göthe
            (von Lachen unterbrochen).
O nein, im Gegentheil, — was schriebst Du denn?
            Carl August (verlegen).
's sind Verse, die ich machte.
            Göthe (wie oben).
                                    Verse! Du!
            Carl August.
Du meinst wohl, Du allein kannst Verse machen.
            Göthe.
O Gott bewahre, nein, ich beuge mich
Vor Deiner Dichtkunst, doch es thut mir leid,
Ich kann den Brief Dir nicht besorgen. Nimm.

Carl August.
Du kannst ihn nicht besorgen! und weßhalb?
Göthe.
Ich will nicht Zwischenträger sein, mein Freund.
Carl August
(zornig den Brief auf den Tisch rechts werfend).
Ich hätte wahrlich nicht geglaubt, daß Du
Den kleinen Dienst mir weigern könntest, Göthe,
Du thust, als ob ich eine Liaison
Beginnen möchte.
Göthe.
Nein, das glaub ich nicht,
Wenn Du sie kenntest!
(lacht)
Carl August.
Gib Dir keine Mühe,
Sie zu verleumden, denn ich wollte nur,
Was Du verhüten willst, so hie und da
Mit ihr, die so piquant und witzig ist,
Mich ungezwungen unterhalten.
Göthe.
Ah!
Carl August.
Die span'schen Stiefel unsrer Etiquette
Sind mir verhaßt. Luise schätz ich hoch.
Göthe.
Wozu Du alle Ursach hast.
Carl August.
Gewiß.
Auch lieb ich sie, Du weißt es, Göthe, doch
Ein scherzhaft, leicht Gespräch mit ihr zu führen,
Ist ganz unmöglich, und zumal erst jetzt,
Seit ein paar Tagen ist sie kalt wie Eis.
Sie hat gehört, zwar weiß ich nicht von wem,
Daß wir zu Ilmenau in Bergmannstracht
Mit Bauernmädchen tanzten.

6*

Göthe.
                            Wie fatal!
Carl August.
Je nun, vom Hofe waren keine da.
Ein Majestätsverbrechen ist es nicht.
Göthe.
Das nicht, indessen, Carl, wär' Deine Frau
So klug nicht, als sie gut, es stünde schlimm;
Denn die Affaire auf der Redoute, hör',
Die war, was ich vernommen, etwas stark.
Carl August.
Ein Maskenscherz, nicht weiter.
Göthe.
                        Ei, mein Freund,
Ich nenn' es unmoralisch.
Carl August (gereizt).
                            Sonderbar,
Wie spitzig heute Du die Worte wählst.
„Den Zwischenträger" „unmoralisch" nun,
Du hättest's auch gethan.
Göthe (lacht).
O nein.
Carl August.
                            Gewiß.
Göthe.
Ich hätte jenes Mädchen nicht geküßt,
Das kann ich Dich versichern.
Carl August.
                        Bah, Du spielst
Den Tugendhaften jetzt und läufst doch selbst
Den Mädchen nicht nur, auch den Frauen nach.
Göthe.
Wenn ich's auch thu', so läßt sich doch nichts sagen,
Noch bin ich frei, drum darf ich etwas wagen.
Ein andres ist es, wenn ein Hahn,
Der seine Henne haben kann,
Mit fremden Küchlein bindet an.

Carl August
(seinen Hut nehmend).
Verschone mich mit Deinen Witzeleien,
Man ist nicht immer dazu disponirt.

Göthe.
Nein, Carl, ich bitte, zürne nicht, ich will
Dir alles offen eingesteh'n, so höre,
(lacht).
Die vielbesprochne Ernestine Heinzmann,
Das witzig, ungezwung'ne Mädchen —

Carl August
Schweig,
Ich will Dein zart Geständniß jetzt nicht hören,
So wenig hören, wie Dein stetes Lachen.
(zornig durch die Mittelthüre ab)

Fünfter Auftritt.

Göthe, allein.

Göthe (rufend).
So hör doch, Carl! — er geht im Zorne fort,
Es ist zu toll, ich komme nicht zu Worte.
(es klopft an's Fenster links)
(zerstreut)
Herein! Der Georg hat sie all bezaubert,
Mit seinen Reizen, seinen Rosenlippen.
(lacht)
(es klopft nochmals)
Herein! Carl August Verse, 's ist superbe.
(es klopft)
Doch halt! das war am Fenster! sonderbar.
(öffnet das Fenster)

Sechster Auftritt.

Göthe, Georg vor dem Fenster.

Georg.
Seid Ihr zu sprechen?

Göthe.
Georg! Du! Ei Junge, wo kommst Du her?

Georg.
Ich komme von der Schule.
(springt herein)

Göthe.
Wie kamst Du hier herauf?

Georg.
An dem Spalier, der Weg ist sicherer.

Göthe.
Wie so das?

Georg.
Nun, weil man doch sicher, Niemand zu begegnen,

Göthe (lacht).
Das glaub ich selbst, doch sprich, was führt Dich her,
Du siehst zerzaust, als hättest Du gerauft.

Georg.
Das that ich auch.

Göthe.
So so, was hat's gegeben?

Georg.
'ne Niederträchtigkeit, die mich empört.
Die Kameraden höhnten mich und sagten:
„Du mußt 'ne schöne Schwester haben, Du,
Die sich auf der Redoute öffentlich
Läßt küssen von dem Herzog Carl." Der Teufel!
Ich schlug den Kerl zu Boden, der es sagte,
Der's wagte, meine Schwester zu verleumden.

Göthe.
Das hätt' ich auch gethan, jedoch Du bist
An allem Schuld mein Sohn.

Georg.
Wie, ich?

Göthe.

Ja, Du.
Ich nahm Dich mit, Dir eine Freud' zu machen,
Ich dachte mir, Du werdest schüchtern sein
Zum ersten Mal auf einem großen Balle
Und sittsam, wie sich's ziemte Deiner Rolle.
Du hättest schweigen sollen.

Georg.

Schweigen! Ei,
Da hätt' ich meine Rolle schlecht gespielt,
Da ich als Mädchen gieng, so mußt ich schwatzen,
Wir Männer schweigen, Mädchen plaudern stets.

Göthe.

Du bist zu keck, nun nimm die Folgen hin,
Wir waren kaum im Saal, als Du begannst
Auf eigne Faust zu manövriren und
Dein Spiel zu treiben mit dem Herzog Carl,
Für das die Schwester jetzt zu leiden hat.

Georg.

Jetzt zankt Ihr mich, jedoch auf der Redoute,
Da lachtet Ihr, da war Euch alles recht.

Göthe.

Ich ahnte nicht, was d'raus entstehen konnte.
Nun bleibt, um Deiner Schwester Ehr zu retten,
Nichts andres uns, als alles zu gesteh'n.

Georg
(außer sich an Göthe hängend).

Um Gottes Willen, nein, das dürft Ihr nicht,
Der Vater bringt mich um, wenn er's erfährt.

Göthe.

So willst Du's auf der Schwester sitzen lassen?
Was, wie es scheint, sich alle Welt erzählt,
Sonst wüßtens Deine Kameraden nicht.

Georg.

Ich schlage alle todt.

Göthe.
                    Das kannst Du nicht.
Drum nimm die Strafe hin und laß Dich zanken.
Georg.
Mich zanken! Gott! Damit ist's nicht gethan.
Ich werde relegirt, wenn man es hört.
Und dann bedenkt, was wird der Herzog sagen,
Wenn er erfährt, daß ihn ein Gymnasiast
Zum Narren hielt.
Göthe.
         Verflucht, Da hast Du Recht.
Georg.
Es kann den Vater seine Stelle kosten.
Um Gottes Willen, Herr, verrathet nichts!
Verrathet nichts.
Göthe (für sich).
            Der Junge dauert mich.
          (laut)
Was kann ich thun, wenn ich nichts sagen soll?
Georg.
Thut was Ihr wollt, nur nennt nicht mich,
       (man hört Heinzmann hinter der Scene)
                            Herr Gott!
Das ist der Vater, wo verberg ich mich,
Er wähnt mich in der Classe.
Göthe.
            Hier hinein.
Georg.
Um Gottes Willen, sagt ihm nichts.
Göthe.
                    Sei ruhig.
Ich werd' Dich nicht verrathen.
Georg.
         Sicher?
Göthe.
                    Sicher.
(Georg in die Thüre rechts ab, durch welche er Göthe während
    der folgenden Scene heimlich verzweifelte Zeichen macht)

Siebenter Auftritt.

Göthe allein, gleich darauf **Heinzmann.**

Göthe (für sich).
Die Sache ist fatal, was soll ich thun?
Der Junge ist in wahrer Todesangst
Und ich, ich bin an allem Schuld. Fatal.

Heinzmann (eintretend).
Herr Göthe, mit Verlaub, ich muß Euch sprechen,
Wenn ich auch so zu sagen störe.

Göthe.
Bitte,
Ihr stört mich nicht, womit kann ich Euch dienen?

Heinzmann.
Ich komme heute so zu sagen her,
Bei Euch mir Rath zu holen.

Göthe.
Ihr bei mir?

Heinzmann.
Ihr staunt mit Recht, da ich, der Bürgermeister,
Sonst selten so zu sagen Rath bedarf.
Doch ist das eben ein abnormer Fall,
Und sintemal und alldieweil Ihr doch,
Bei Hofe täglich seid und alles wißt,
So könnt Ihr, eh' ich and're Schritte thu',
Vielleicht erklären, was mir so zu sagen
Ganz unerklärlich ist.
(einen Brief aus der Brusttasche ziehend)
Lest diesen Brief.

Göthe.
Von Herzogin Amalie!

Heinzmann.
Lest nur, lest.

Göthe.
liest erst unverständlich murmelnd, dann laut und theilweise
zu Georg gewendet, der entsetzt die Hände zusammenschlägt).
(liest)
So möchten wir Euch bitten, was wir schon

Auf der Redoute Euch gesagt —

Heinzmann.

Merkt auf,
„Auf der Redoute Euch gesagt", als ob
Ich dort gewesen wär'. Doch bitte, lest.

Göthe (liest).

Auf der Redoute Euch gesagt, daß Ihr
Die Tochter besser ziehen sollt.

(für sich)

Verdammt,
Mir wird ganz heiß.

Heinzmann.

Ihr staunt gleich mir, doch lest.

Göthe (liest).

Indessen, bis Euch dies gelungen, bitte,
Sie künftighin zu Haus zu lassen, denn
Das Mädchen macht Euch wenig Ehre.

Heinzmann.

Nun,
Was sagt Ihr jetzt?

Göthe.

Ihr seht mich sprachlos, Heinzmann.
(für sich)
Der Scherz beginnt zum schlimmen Ernst zu werden.

Heinzmann

(eifrig jedes „wie" betonend).

Wie kann die Herzogin Amalie sagen,
Daß ich auf der Redoute war. He wie?
Wie kann sie sagen, meine Tochter mache
Mir so zu sagen keine Ehre, wie?
Wie kann sie sagen, dieses Mädchen soll
Ein ander Mal zu Hause bleiben, wie?
Da sie doch so zu sagen gar nicht dort,
Noch nie auf der Redoute war, he wie?
Soll ich mir das gefallen lassen, wie?
Es wird das Beste sein, ich spreche selbst
Mit Herzogin Amalie. Wie?

(Georg macht verneinende, bittende Zeichen)

Göthe.
                                   Nein, nein,
Laßt mich mit Herzogin Amalie sprechen,
Ein Andrer kann das besser.

Heinzmann.
                          Glaubt Ihr, wie?

Göthe.
Bei Hofe muß man diplomatisch sein.

Heinzmann.
Ja ja, da habt Ihr so zu sagen Recht,
Und wenn Ihr denn die Güte haben wollt,
Die Sache zu vertreten —

Göthe.
                                 Ganz gewiß.
          (für sich)
Es ist das Beste, doch ich weiß nicht wie.

Heinzmann.
So will ich denn inzwischen gar nichts thun
Als schweigen, was denn so zu sagen wohl
Das Klügste sein wird, was ich thue.

Göthe
          (mühsam ein Lächeln verbergend).
                                   Immer.
Auf Wiederseh'n, gehabt Euch wohl.

Heinzmann.
                              Herr Göthe,
Zieht mir das Mädchen ja nicht in die Länge,
Und sprecht mit Herzogin Amalie bald,
Sie muß, wenn zehnmal sie die Herzogin,
Mir Abbitt' thun, ich bin der Bürgermeister
Und so zu sagen fast so viel als sie,
Und meiner Tochter Ehre ist kein Spaß!
          (im Gehen)
Wie kann sie sich erdreisten, wie?
                              (ab)

Achter Auftritt.

Göthe, allein; dann **Georg.**

Göthe.

Gottlob! —
Er hat mir warm gemacht.

Georg.

Um Gottes Willen,
Das ist entsetzlich und wird immer schlimmer.

Göthe.

Es thut mir leid, Georg, jedoch es wird
Nichts anders bleiben als gestehn.

Georg.

Nein nein,
Das dürft Ihr nicht, das dürft Ihr mir nicht thun,
Ihr seid an allem Schuld, an allem, habt
In's Unglück mich gestürzt. Ich sag Euch nur,
Ich schieß mir eine Kugel vor den Kopf,
Ich spring in's Wasser, häng' mich auf, bei Gott!
Herr Göthe, seid barmherzig, sagt es nicht,
Daß ich es war.

Göthe.

Was aber kann ich thun?
Es muß etwas geschehen.

Georg.

Nun, so lügt,
Lügt rasch etwas zusamm, Ihr seid ja Dichter.

Göthe.

Welch' edle Auffassung der Poesie.
Ich kann erdichten, aber lügen nie.

Georg.

Nun dann erdichtet, nennt 'ne and're Dame,
Die für die Schwester man gehalten.

Göthe.

Wen?

Georg.

Nun eine die gewohnt ist, daß man schlecht
Von ihr zu sprechen wagt, es gibt auch solche.

Göthe.
Ei ei, mein Bürschchen, woher weißt Du das?
Georg.
Je nun, man liest und hört's so von den Alten.
Göthe.
Ja, wenn die Alten nur nie jung gewesen,
Dann hätten wohl die Jungen nichts zu lesen.

Neunter Auftritt.
Die Vorigen. Philipp.

Philipp.
Herr Göthe, Jungfer Ernestine.
Georg.
Wie?
Auch meine Schwester! Philipp, sag ihr nichts,
Daß Du mich hier geseh'n.
Philipp.
Ich sag' ihr nichts.
Georg (hastig).
Wenn Ihr mich jetzt verrathet, dann bei Gott,
Schieß ich in Eurem Zimmer drin mich todt.
(stürmt in die Thüre rechts ab)
Göthe.
Sie ist willkommen.
(Philipp ab)
Uf! mir ist ganz schwül.

Zehnter Auftritt.
Göthe. Ernestine.

Ernestine (schüchtern).
Herr Göthe, bitte, denkt nicht schlecht von mir,
Daß so allein ich komme, doch Ihr war't
So freundlich stets zu mir und dann, Ihr seid
Bei Hof bekannt, bekannt mit allem Adel
Ihr könnt, Ihr müßt mir helfen.

Göthe.
Gerne, sprecht.
Ernestine.
Ihr kennt den Grafen Eduard Görtz, nicht wahr?
Göthe.
Ich traf ihn gestern erst, was ist mit ihm?
Ernestine (niedergeschlagen).
Ich habe gestern mich mit ihm verlobt.
Göthe.
Verlobt! ich gratuliere herzlich.
Ernestine.
O, Da hat sich nichts zu gratulieren, denn
Heut Morgen kommt mein Bräutigam in's Haus,
Wie ich ihn nie geseh'n, ganz außer sich.
Zum Glücke waren beide Eltern aus.
Er sagte — und so höhnisch wie er nie,
Noch nie mit mir gesprochen, daß er jetzt
Verzichte auf die Ehre meiner Hand.
(weint)
Göthe.
Und welchen Grund hat er Euch angegeben?
Ernestine.
Er sagt — er sagt: „Graf Görtz nimmt keine Frau,
Die öffentlich der Herzog hat geküßt.
(schluchzt leise)
Göthe (für sich).
Das fehlte noch. Görtz ist ein Ehrenmann,
Ihm muß ich's sagen um des Mädchens Willen.
Ernestine.
Vergebens schwur ich, daß ich nie den Herzog
Gesprochen hab, daß ich am Ball nicht war,
Noch auch der Vater, wie er sagte.
Göthe.
Nun, Was sagte Görtz?

Ernestine.
Ich soll zum Unrecht nicht
Die Lüge fügen.
Göthe (für sich).
Armes Kind,
(laut)
Seid ruhig,
Ich spreche mit dem Grafen.
(Georg, welcher heimlich herausgeblickt, macht verneinende Zeichen)
Göthe.
Ja ich werde,
Verlaßt Euch drauf.
(Georg macht die Thüre zu)
Ernestine.
Ja bitte, thut es, Herr.
(geht an's Fenster, sich abwendend)
Ihr geltet alles bei dem Herzog, er,
Er muß bezeugen, daß er mich nicht kennt,
Und wird es auch, für eines Mädchens Ehre.
Euch glaubt Graf Görtz vielleicht, wenn auch nicht mir.
(weint)
Göthe
(für sich).
Es bleibt mir keine andre Wahl.
Georg
(unter der Thüre leise zu Göthe, der sich derselben genähert).
Herr Göthe,
Wenn Ihr mich nennt, schieß ich mich nieder.
(hebt eine Pistole in die Höh')
Göthe (erschrocken).
Himmel!
Er ist zu allem fähig.
Ernestine.
Großer Gott!
Er ist's, hat mich gesch'n, um Gottes Willen,
Er darf mich hier nicht treffen.
(will nach der Thüre rechts)

Göthe (sie zurückhaltend).

Ernestine!
Wo wollt Ihr hin, was kommt Euch an.

Ernestine.

Er kommt,
Wo kann ich mich verbergen, wo?

Göthe.

So bleibt.

Ernestine.

Nein, nein.
(flieht in das Zimmer links)

Göthe (ihr nachrufend).
Hier ist kein Ausgang, Ernestine.

Elfter Auftritt.

Göthe. Graf Görh. Georg, eine Pistole in der Hand, heimlich unter der Thüre.

Eduard
(öffnet die Mittelthüre, unter welcher er düster einen Augenblick steht).
Sie ist bei ihm, ich hab' mich nicht getäuscht,
Nun glaub' ich alles, alles.

Göthe (für sich).

Ah, Graf Görh,
Das wird behaglich. Ernestine dort
In meinem Schlafgemach, hier neben Georg.
(laut)
Willkommen, Graf, es freut mich, Euch zu seh'n
Nehmt gütigst Platz.

Eduard.

Ich danke, nein, ich habe
Ein ernstes Wort mit Euch zu sprechen.

Göthe.

Sprecht,
Ich bin bereit Euch anzuhören, Graf.

Eduard.
Ihr wißt, daß Heinzmanns Tochter meine Braut?
Göthe.
Ich hört' es eben erst von Ernestine.
Eduard.
Ihr seid auf sehr vertrautem Fuß mit ihr
Und so gesteht Ihr zu, daß sie bei Euch.
Göthe.
Ich wüßte nicht, weßhalb ich's leugnen sollte,
Sie kam nur wegen Euch zu mir.
Eduard.
Ach so.
Göthe (für sich).
Verdammte Position, in der ich bin.
(laut)
Sie bat mich, Euch zu überzeugen —
Eduard.
Bitte,
Bedarf es eines Dritten bei Verlobten?
Göthe.
Wenn der Verlobte seiner Braut nicht glaubt,
Herr Graf, Ihr thut dem Mädchen schweres Unrecht,
Ich kann's beschwören.
Eduard (höhnisch).
Ah! und darf ich fragen,
Gilt meiner Braut Besuch Euch selber oder
Macht für den Herzog Ihr den Unterhändler?
Göthe (drohend).
Herr Graf!
Eduard.
Herr Göthe!
Göthe.
Nehmt dies Wort zurück.
Eduard.
Das thu' ich nicht.

Göthe.
Ihr thut's, bei Gott, Graf Görtz,
Ich werd' es nimmer auf mir ruhen lassen.
Eduard.
Ich steh' mit jeder Waffe Euch zu Diensten.
Göthe.
Es sei. An welchem Ort?
Eduard.
Im Tannenwäldchen.
Göthe.
Die Zeit?
Eduard.
Bei Tagesanbruch. Auf Pistolen.
(Beide verbeugen sich förmlich)

Zwölfter Auftritt.

Die Vorigen. Luise. Amalie. Thusnelde. Merk.

(Eduard geht gegen die Thüre und bleibt stehen, da Philipp dieselbe öffnet und Herzogin Luise eintritt. Amalie, hinter ihr die Andern nach)

Amalie.
(unter der Thüre, Göthe und Eduard verbeugen sich).
Wozu uns melden, Philipp, nein wir wollen
Den Göthe überraschen. Ah, Graf Görtz!
Es freut mich, Euch zu sehen, bleibt nur, bleibt.
(zu Göthe)
Ich habe Ihre Durchlaucht überredet,
Unangemeldet bei Euch einzufallen,
Was haltet Ihr davon?
Göthe.
Durchlaucht, ich denke,
Das war ein guter Einfall.
Amalie.
Wißt Ihr auch,
Daß ich es that, weil ich Euch einmal nur
So recht verlegen möchte seh'n.

Göthe.
                                                        Ich bin's,
Weil kein Atom ich von Verlegenheit
Verspüre, denn ich denke, daß Ihr wohl
Den Künstler finden wolltet, nicht den Hofmann,
Doch gönnt mir wenig' Augenblicke —

Luise.
                                                            Laßt,
's ist wie Ihr sagt, da wir nun einmal kamen,
Unangemeldet kamen, unerwartet,
So wollen wir Euch nehmen wie Ihr seid.

Amalie.
So sollte man die Menschen immer nehmen.

Luise.
Ist dies das Bild, von dem so viel wir hörten?

Göthe.
(Luise an die Staffelei geleitend).
Es ist das Bild, das ich gemalt, jedoch
Wenn Ihro Durchlaucht schon davon gehört,
So fürcht' ich, ist es Gutes nicht gewesen.

Merk.
Er coquettirt jetzt mit Bescheidenheit,
Die ihm doch fremd.

Göthe.
                    Sieh' da, Mephisto hier!

Amalie.
Ich hab' ihn hergeschleppt. Er lief gerade
Uns in die Hände und er soll uns jetzt
Ad oculos beweisen, daß es wahr,
Was er mit spitzer Zunge jüngst getadelt.

Merk.
Betrachtet nur das Bild, es findet dann
Der Tadel sich von selbst wohl, ohne mich.
(Merk und Amalie treten an die Staffelei, Görtz steht stumm,
an's Fenster gelehnt, Thusnelde betrachtet neugierig die Bilder
und Schmetterlinge)

Luise.
Recht schön. Es wird wohl wenig Dichter geben,
Die auch zugleich zu malen wissen.

Amalie.
Ja.
Gewiß, was Göthe will, das kann er auch.
(Merk macht eine Geberde komischer Verzweiflung)

Göthe.
Nur nicht den Freund zufriedenstellen. Seht,
Was er Grimassen schneidet bei dem Lobe,
Das Eure Nachsicht mir gespendet.

Merk.
Hm.

Luise.
Was soll das „Hm", Herr Kriegsrath, und warum
Seid Ihr mit Eurem Urtheil so verschlossen?

Merk.
Gerechtigkeit verbietet mir zu loben,
Respekt zu tadeln, da Ihr selbst gelobt.

Amalie.
Genirt Euch nicht. Ich wäre wohl begierig
Zu hören, was Ihr tadelt.

Merk.
Was ich table?
Vor allem, daß er malt. Ich bitt' Euch, Durchlaucht,
Bestärkt ihn nicht in seinem eiteln Wahn,
Er könne malen, denn er kann es nicht.
Seht nur, ich bitte, Euch den Himmel an,
Wie blau! so blau als ob die blaue Farbe
Ihn nichts gekostet. Und das Wasser! sprecht,
Däucht Euch das Wasser naß? nein trocken ist's.

Göthe.
Wie Deine Reden.

Luise.
Ah! welch strenger Richter.

Merk.
Doch sprech' ich wahr. Seht nur das Ding Euch an.
Ist dies Natur? 's ist Leinwand, dick bemalt,
Denkt Euch hinein, steigt diesen Berg hinauf,
Ihr könnt es nicht. Das ganze Bild ist flach,
Nicht ein Gedanke nur von Tiefe.
(rasch ein Blatt vom Tische rechts nehmend)
Hier,
Hier aber, diese Tiefe der Gedanken.
Seht dieses Bild macht seinem Künstler Ehre,
's sind Federzeichnungen, gedieg'ne Verse,
Die Scenen uns vor unsre Seele zaubern,
Wie wohl kein Bild, so wahrheitsvoll und schön.

Luise.
(das Blatt nehmend, zu Göthe).
Ist es erlaubt?

Göthe.
Zu dienen, Durchlaucht, lest,
Obgleich es erst im Werden, 's ist mein Faust.
(Luise geht lesend nach dem Tische rechts, wo sie sich setzt)

Thusnelde.
Wo seid Ihr denn, Graf Görtz?

Eduard (zusammenfahrend).
Ich, Gräfin? Hier.

Thusnelde.
Nein, Graf, das seid Ihr nicht, zum Mindesten
Mit den Gedanken nicht, obgleich sich's lohnte;
In diesem Zimmer hier sich umzuseh'n.
Was dieser Schmetterling sich Schmetterlinge
Gesammelt hat und Dinge aller Art.
Sieh da, ein Sonnenschirm.

Eduard (für sich).
Ihr Schirm.

Thusnelde.
Nun, Graf,
Ihr interessirt Euch wohl für Sonnenschirme,

Ist Euch vielleicht bekannt, wem er gehört?
Ihr seht noch immer leidend aus, Graf Görtz.
(sprechen leise weiter)

Luise (blätternd, für sich).
Ein geistvoll Werk! hier also schreibt der Dichter,
Wie ungeordnet all die Schriften liegen.
Auch Briefe! Sieh da, meines Gatten Hand,
Doch nicht an Göthe adressirt. — — Was seh' ich?
(liest)
„An Ernestine Heinzmann!" Das ist stark,
So macht der Göthe doch den Zwischenträger,
Vermittelt Briefe zwischen ihr und ihm,
(steht auf)
So werd' ich hintergangen, das ist schändlich.

Dreizehnter Auftritt.
Die Vorigen.   **Carl August** tritt rasch ein.

Carl August (für sich).
Das nenn' ich, in ein Wespennest gerathen.

Luise.
Nur näher, Durchlaucht, ich bin sehr erfreut,
Euch hier zu treffen.

Amalie.
Sieh da, Carl, auch Du?
Carl August.
Ich bin entzückt.
(hastig zu Göthe, leise).
Wo ist der Brief?

Göthe (erstaunt).
Der Brief?
Ich weiß von keinem Brief.
Carl August.
An Ernestine,
Ich ließ am Tisch ihn liegen.

Göthe.
Dann hat Luise ihn gelesen.
　　　　　　　　　　　Alle Teufel,
Luise.
　　　　　　　　　　　Göthe,
Darf ich aus diesem Dichterzimmer mir
Ein Angedenken mit nach Hause nehmen?
Göthe.
Durchlaucht, ich fühle mich geehrt, und lege,
Was ich besitze, Euch zu Füßen nieder.
Luise.
Wenn es nicht unbescheiden, möcht ich gerne
Etwas Geschriebenes von Euch besitzen,
Zum Beispiel diesen kleinen Brief.
Göthe
(leise zu Carl August).
　　　　　　　　　　　Dein Brief.
Luise.
Habt Ihr das selbst geschrieben?
Carl August (leise zu Göthe).
　　　　　　　　　　　Sage ja.
Göthe (ruhig).
Nein, Durchlaucht, ich dictire meist.
Amalie.
　　　　　　　　　　　Ich weiß,
Und Philipp Seidl schreibt 'ne schöne Hand.
Luise.
Dann täusch ich mich, jedoch ich meine fast,
's ist Seiner Durchlaucht Hand.
Carl August (leise zu Göthe).
　　　　　　　　　　　Sag' nein.
Göthe.
　　　　　　　　　　　Zu dienen.
Es haben Seine Durchlaucht oft die Güte,
Für mich zu schreiben. Bitte, lest den Brief.
　　(Carl August stößt Göthe mit dem Ellbogen)
Es ist ein Scherz und schlechte Verse sind's.

Carl August (leise).

Wie unverschämt.

Göthe (ebenso).

Ich bin es überzeugt.
Ein Opfer ist's, daß ich mich Autor nenne,
Denn, kann ich diese Verse nicht vernichten,
So wird mich, fürcht ich sehr, die Nachwelt richten.

Luise
(welche den Brief entfaltet und gelesen).

Ihr sprecht die Wahrheit, diese Verse hinken,
Als ob ein Laie sie gemacht, nicht Ihr.

Amalie.

Mitunter schläft Homer, doch kommt, Luise.
Wir wollen gehen.
(man hört im Zimmer links Stühle umwerfen und schreien)
Was ist —

Luise.

Ein Schrei!

Vierzehnter Auftritt.

Die Vorigen. Ernestine stürzt aus der Thüre, links.

Ernestine (schreiend).

Herr Göthe!
(klammert sich an den ihr zunächst stehenden Merk, der ein komisches, erstauntes Gesicht macht. Athemlos)
Es ist 'ne Maus im Zimmer.
(aufstehend, läßt Merk los)

Großer Gott.

Amalie.

Wer ist das?

Göthe (vorstellend).

Ernestine Heinzmann, Durchlaucht.

Luise.

Des Bürgermeisters Tochter! und bei Euch!

Amalie.
Mit Euch, Graf Görtz?
Eduard (streng und kalt).
Nein, Durchlaucht, nicht mit mir.
Die Dame ist mir fremd.
Amalie (zornig).
Ist denn das Mädchen
So aller Sitte baar.
Göthe.
Durchlaucht, verzeiht,
Ihr thut ihr bitter Unrecht, was ich Euch
Beweisen kann und jetzt erklären werde,
Was auch daraus entstehen mag.
(man hört im Zimmer rechts einen Schuß und einen Schrei)
(entsetzt)
Mein Gott!
So hat er Ernst gemacht.
(stürzt nach dem Zimmer rechts)
Luise.
Was kann das sein?

Fünfzehnter Auftritt.

Die **Vorigen. Georg** (von Göthe geführt, blaß und zitternd)
Amalie.
Was geht hier vor?
Carl August.
Wer mag das sein?
Ernestine.
Georg!
Göthe (ängstlich).
Bist Du verwundet? Junge, sprich.
Georg.
Ach nein.
Es fiel mir die Pistole aus der Hand,
Da ging sie los — und ich erschrack entsetzlich.

Amalie.

Wer ist der Bursche?

Georg
(vor Amalie auf die Knie sinkend).

Durchlaucht, ach verzeiht,
Ich will es nicht mehr thun, verzeiht mir nur,
Ich bin des Bürgermeister Heinzmanns Tochter.

Alle (lachen).

Amalie.

Was schwätzt der Junge?

Göthe.

Wahrheit, Durchlaucht, denn
Er war auf der Redoute jüngst mit mir.

Carl August (erstaunt).

Mit Dir!

Göthe.

Mit mir. In Damenkleidern, — ich —
Ich war der Bürgermeister so zu sagen
- (spricht im Tone Heinzmann's)
Und sintemal und allbieweil mich niemand
Von all' den Herrschaften erkannt, so scheint's,
Daß meine Wette ich gewonnen habe.

Amalie (lacht).

Ah, das ist groß!

(Alle staunen)

Luise (lächelnd).

Und diese küßtet Ihr!

Georg
(aufspringend, zu Carl August).

Und mit Verlaub, Durchlaucht, Ihr wußtet gut,
Daß jene Dame, die Ihr neulich küßtet,
Gar keine Dame war, denn was Herr Göthe
Auch thun mag, ist Euch stets bekannt.

Luise (leise).

Ihr wußtet?

Göthe (für sich).
Der Bursche hilft uns aus der Klemme.

Carl August
Gewiß, ich wußt es. Ja,

Luise (leise).
Dann verzeiht mir, Carl.
(Carl August küßt ihr die Hand, plaudern weiter)

Merk (brummend).
Du hast mich einen Narren spielen lassen.

Göthe (lachend).
Was thut's, wenn jedem nur die Rollen passen.

Amalie (zu Ernestine).
Mein armes Kind, man that Dir schweres Unrecht.

Ernestine
(mit einem Blick nach Eduard).
Ja wohl!

Amalie.
Und Deinem Vater auch, ich muß
Ihm Abbitt' thun.

Georg.
Um Gottes Willen, Gnade!
Verrathet mich dem Vater nicht.

Amalie.
Ich werde
Dich möglichst schonen, doch das sag' ich Dir,
Daß Du mir solche Streiche nimmer machst,
Du kecker Bursche Du.
(leise zu Göthe)
Nun seht Ihr, Göthe,
Ich hab' mich Euretwegen stark blamirt.

Göthe (ebenso).
Durchlaucht, das ist dem Größten schon passirt.

Eduard (zu Ernestine).
Kannst Du verzeihen, daß ich Zweifel hegte?

Ernestine.
Und kannst Du zweifeln, daß ich Dir verzeih?
(umarmen sich und sprechen mit Georg weiter)

Carl August
(zu Göthe, während Amalie und Luise mit Merk sprechen).
Du hast die Wette zwar gewonnen, Göthe,
Doch werd' ich Dir's gedenken.

Göthe
(seine Hand fassend, schmeichelnd).
                                    Geh doch, Carl,
Um solches Scherzes willen willst Du zürnen,
So lach' doch lieber, sieh mich an.

Carl August
(sieht ihn erst böse an, dann ihm die Hand reichend).
                                    Wahrhaftig,
Ich kann Dir gar nicht zürnen.

Göthe (leise).
                                    So ist's recht.
Auch stund nicht im Programm, daß Du sogleich
Sollst Feuer fangen, das ist D e i n e Schuld,
Gib Dich zufrieden, 's konnte schlimmer geh'n,
Du küßtest ihn auf seine Rosenlippen,
Dafür darfst Du von m e i n e m Weine nippen.
(schütteln sich lachend die Hände)

Eduard.
Könnt Ihr verzeihen, Göthe, was ich sprach?

Göthe
(komisch, finster).
Im Tannenwäldchen auf Pistolen morgen.
(schüttelt ihm lachend die Hand)

Amalie.
Nun seht Ihr, Merk, wie's Euer Freund hier treibt,
Was werdet Ihr zu Haus von ihm erzählen?

Göthe (übermüthig).

Ei, was er will, das laß ich mich nicht quälen,
Denn Weimar ist und bleibt der Herrschersitz
Von Lust und Leben, Geist, Humor und Witz.
Auf der Redoute ist's erlaubt zu scherzen,
Auch brach der Scherz, Ihr seht es, keine Herzen.

(gegen das Publikum)

Das Beste ist doch stets bei solchen Sachen,
Wenn alle Leute herzlich dazu lachen.

(Der Vorhang fällt.)

Ende.